ग्राउंड ज़ीरो से लाइव

मार्टिन जॉन

अनुज्ञा

अनुज्ञा

प्रथम संस्करण : 2021

ISBN 978-93-90973-56-9

प्रकाशक
अनुज्ञा बुक्स
1/10206, लेन नं. 1E, वेस्ट गोरख पार्क, शाहदरा, दिल्ली-110 032
e-mail : anuugyabooks@gmail.com • salesanuugyabooks@gmail.com
फोन : 011-22825424, 09350809192
www : anuugyabooks.com

मूल्य : 300 रुपये

आवरण
मार्टिन जॉन

मुद्रक: रैप्लिका प्रैस प्राईवेट लिमिटेड

GROUND ZERO SE LIVE
Poetry** by **Martin John

दो टूक...

* 'ग्राउंड ज़ीरो से लाइव'– कविताओं और रेखांकनों की मेरी पहली कृति है।
* जब क़लम चली, शुरुआती दौर में कविता ही उतरी थी सफ़ेह पर। ...आगे चलकर 'कथा' हावी हो गयी। हालाँकि कविता छूटी नहीं। हाँ, रफ़्तार धीमी पड़ गयी।
* जो बातें 'कथा' में उतरने से रह जाती हैं उन्हें कविताओं और रेखांकनों में उतारने की कोशिश बरकरार है।

मार्टिन जॉन

अपर बेनियासोल, पो. आद्रा,
जि. पुरुलिया, पश्चिम बंगाल 723121
मो. 9800940477, email: martin29john@gmail.com

यह क़िताब

“उन कविवर बंधुओं को
जो कविता को
बौद्धिक विलासिता के चिकने सफ़ेह से
निकाल कर उसे जन-जन की आवाज़
बनाने की मुहिम में जुटे हुए हैं”

अनुक्रम

1. रचने दो कविता शब्दों को

बने रहने दो शब्दों को
फूलों-सा नाज़ुक
ऐसे समय में जब आबो-हवा बारूद के गिरफ़्त में है
उसे महक़ने दो, ग़मकने दो!
बरकरार रहने दो
चाँदनी से दोस्ती शब्दों की
तपती हवा को शीतलता की ज़रूरत है।

सितारों ने निकाली है बारात
झूमने दो उसे, गाने दो कोई गीत

दरख़्तों के परिन्दे
उधार लेना चाहते हैं सुर और स्वर
बरसने दो शब्दों को बारिश की तरह
सूखते समय में तरावट की ज़रूरत है।

कोई अलग-सी कथा
कोई अलग-सी कविता रचने दो शब्दों को
बंजर ज़िन्दगी को सरसता की ज़रूरत है।

जब-जब शब्द पत्थर बना
हवाओं के जिस्म से लहू रिसने लगा
जब-जब शब्द खंजर बना
ताल-तलैया में अस्थियाँ दिखने लगीं

मार्टिन ब्रॉन

जब-जब शब्द आततायियों के कब्ज़े में गया
रंग आसमां का धूसर हो गया।

शब्दों को शब्द रहने दिया जाय
खेलो मत शतरंज की बिसात पर शब्दों को मोहरा बनाकर।
गूँजने दो उसकी महिमा पूरे ब्रह्मांड में
क्योंकि,
*'आदि में शब्द था
शब्द ईश्वर के साथ था
और शब्द ईश्वर था
वह आदि में ईश्वर के साथ था...'

*बाइबिल का पुराना नियम/योहन्ना रचित सुसमाचार का अध्याय 1 और पद संख्या 1 से 3।

2. ईश्वर के नाम एक पाती

हे ईश्वर!
उम्मीद है आप कुशल होंगे
वैसे आपकी
कुशलता के लिए मालूम नहीं
किससे दुआ प्रार्थना करूँ!
अपनी कुशलता के बारे में क्या कहूँ
अन्तर्यामी हैं आप
तथापि कहने को विवश हूँ कि
हमारी कुशलता आपके नाम पर
होने वाले अज़ीबो-ग़रीब कामों से खतरे में है
हम बँट गये हैं आपको बाँटते हुए
ज्ञान, बुद्धि की प्रचुरता से।
सुनते हैं
अदन की वाटिका में
आपने उगाया था एक ऐसा पेड़
जिसका वर्जित फल खाकर
ज्ञानचक्षु उदीप्त हो गया था आदम और हब्बा का।
इल्म की रोशनी तेज़ हो गयी है इतनी कि
चुभने लगी है ज़हर बुझी तीर बनकर
धुआँ-धुआँ होता आसमां
लपलपाते शोलों से खौफज़दा
बारूद की गन्ध से बचते-बचाते
महफ़ूज ज़गह ढूँढ़ रही है दहशत के ज़ंगल में
हमारी ख़ैरियत!

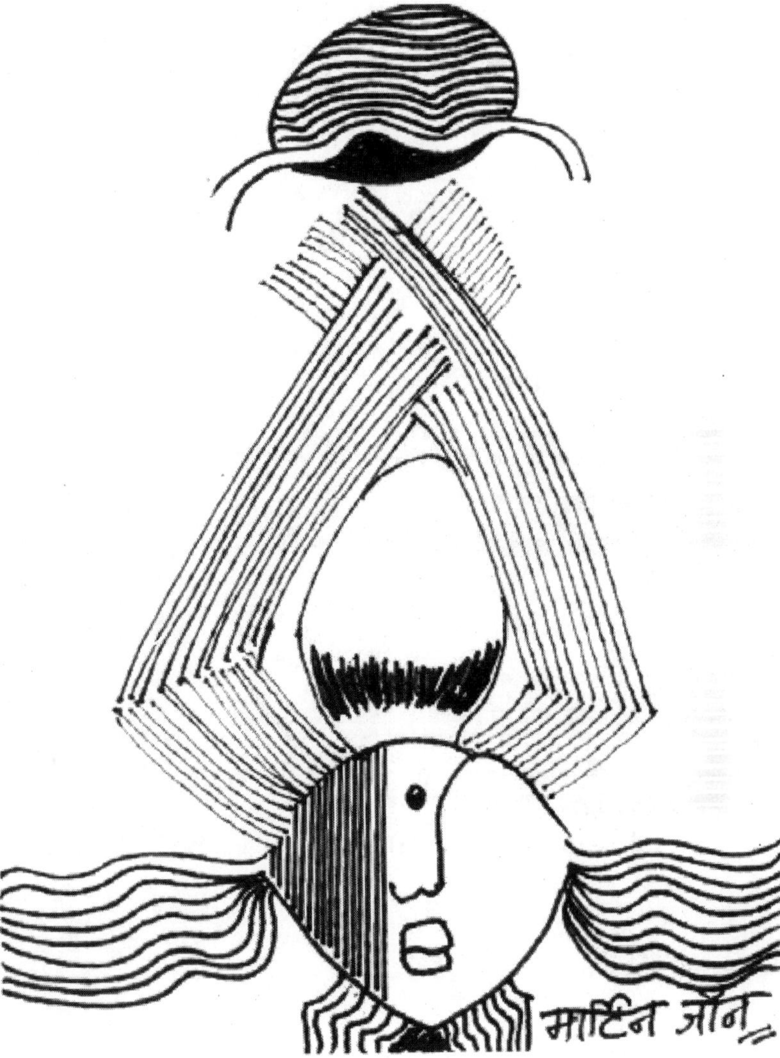
मार्टिन जॉन

3. प्रार्थना कुछ अच्छे शब्दों के लिए

हे ईश्वर!
अगर कुछ देना ही है तो मुझे
अच्छे, ख़ूबसूरत, पाक़-साफ़ शब्द दे।
शब्द आपका मानसपुत्र है
कभी गोपनीय नहीं रही
शब्द और आपकी निकटता।

इससे अज़ूबा यह होगा कि
शब्द मिलते ही मिल जायेगा सब कुछ
नहीं है जो शक्तिमानों के पास।

शब्दों का सौदागर नहीं होना चाहता
नहीं होना चाहता
शब्दों का जादूगर।

दराजों की शोभा नहीं बनाना चाहता
और न अलमारियों की गरिमा

अच्छे शब्दों को देकर
पछताना नहीं पड़ेगा ईश्वर
क्योंकि शब्दों से
एक नायाब संविधान
रचने का इरादा है
जिसमें सिर्फ़ जोड़ने के क़ायदे-कानून होंगे।

Supra

4. मित्र, मुझे चिट्ठी लिखो न!

मित्रवर, फिर से मुझे चिट्ठी लिखो न!
मानता हूँ, हम सरपट भाग रहे हैं
सड़कों के स्पीडब्रेकर भी
अपने वजूद के नकारे जाने से उदास है
मुँह चिढ़ाती रहती है उसे भागमभाग वाली ज़िन्दगी
मंजूर है मुझे दो कदम पीछे लौटना
आँखें मृतप्राय उस मंजर को
पुनर्जीवित कर सुकून पाना चाहती हैं– खाकी टोपी, खाकी थैला
थैले से निकलकर तुम्हारा सामने आना।
साँसें और धड़कनें बैग वाले को देखकर
संवाद की बाँसुरी से
सम्पर्क की धुन छेड़ना चाहती हैं।
लिखे शब्दों से उदास होना चाहता हूँ
खुश होना चाहता हूँ
नाराज होना चाहता हूँ
स्पर्श का ख़ुशबूदार एहसास भरना चाहता हूँ
अपने सीने में।
क्रान्ति, तरक़्क़ी और तब्दिलियाँ
तुम्हारे क़दमों में गति ला दी हैं
गतिमान क़दमों को कभी-कभार रोक लिया करो न!
फिर से एक चिट्ठी लिखो न
जिसके चार शब्दों में ही हमें मिलता है
अवसाद, विषाद, सुख-दुःख वाला जीवन का
महाकाव्य पढ़ने का चरम सुख।

5. इबादत

दशकों पहले के उस कच्चे और भोले समय को
अपनी गोद में बिठाकर
कल शाम हमने
बच्चे के क़िरदार को जिया
एक बच्चे के संग।

  किलकारियों की मीठी बारिश से
  धुँधलका आँचल लहराती
  बगिया में उतरती शाम ठिठक गयी
  उधर सूरज के बढ़ते क़दम भी रुक गये
  इशारों-ही-इशारों में जाने क्या बात हुई
  धूप का टुकड़ा सतरंगी हो गया।

तोतली ज़ुबान में हिनहिनाता
अरसे बाद घोड़ा बना
पल बार में घुमा लाया
दिल्ली, कलकत्ता और बम्बई।

  ख़ुशगवार वक़्त के उस दुधिया पंखों वाले परिन्दे को
  अपनी ख़ुशबू और ग़ुलाबीपन सौंपते हुए
  गमले का ग़ुलाब ने कहा, 'स्वागत करो,
  स्वर्गदूत उतरने वाला है।'

उस रात दवा की ज़रूरत नहीं पड़ी
बच्चे की मुस्कराहट
मेरी शिराओं में अमृत बनकर दौड़ रही थी
भूल गया शाम की प्रार्थना और जलाना मोमबत्तियाँ
बच्चे की हँसी पढ़ने के बाद
इबादत की क्या ज़रूरत है।

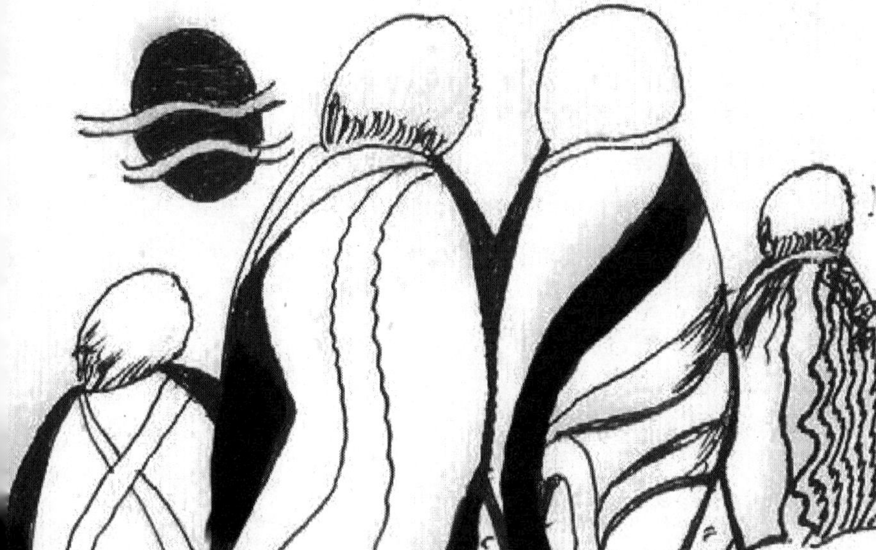
मार्टिन जॉन

6. बची रहे चिड़िया

चख रही है चिड़िया
खिला रही है बच्चों को पेड़ के पके-अधपके फल
तृप्ति का मधुर गीत गाते हुए
अपनी हरी-भरी बाँहों से सँभाले फलों की टोकरी
गुनगुना रहा है पेड़ क़ुर्बानी वाली कविता
मौन रहकर
सब कुछ लुटा देने का ज़ज्बा दिखाते हुए।

अपनी बगिया में रोपे
पेड़ के फल न खाये जाने का मेरा दुःख
कितना छोटा हो गया है
जैसे बालू का कण
चिड़ियों को खिलाये जाने का सुख
कितना बड़ा हो गया है
जैसे पर्वत हिमालय।

हम रहें न रहें
बचा रहे पेड़ और बची रहे चिड़िया!

मार्टिन जॉन

7. ख़बर

1.

ख़बरों का न होना भी
एक ख़बर हो सकती है
यह भी एक ख़बर है कि
ख़बर को ख़बर ही पैदा करती है।

2.

पृथ्वी की कोख़ से निकली ख़बरों का
कोई रूप नहीं होता
रंगहीन...निराकार
आस्थावान आकार गढ़ते हैं
मूरतें बनाकर रख आते हैं
मन्दिर, मस्जिद और गिरजाघरों में।

3.

ख़बरों की दुकानें सज गयी हैं
दुकानदार हमारी पसन्द जानता है
सजा रखी हैं थालियाँ
अलग-अलग नामों से।

4.

ख़बर आग है
ख़बर पानी है
ख़बर आँधी है
ख़बर अमृत है
ख़बर गरल है

मार्टिन जॉन

नहीं ...नहीं ..ख़बरों के पीछे भी
होती हैं कई ख़बरें।

5.

भोजन के वक़्त थालियों के अगल-बगल
होती हैं कई कटोरियाँ
जिसमें होते हैं लजीज व्यंजन
एक और कटोरी आदतन
सामने रखती है पत्नी– ख़बरों की कटोरी।

6.

दुनिया जहान की ख़बरों में
मशगूल रहा इस कदर
पड़ोसी मुन्ना की मौत से
रहा बेख़बर।

7.

चाय की चुस्कियों के साथ
निगल तो ली ताज़ा ख़बर
हजम नहीं होने देती है
कमबख़्त ज़िन्दगी की ख़बर।

8. छत

मैं छत पर खड़ा हूँ
यह एहसास सुकून पहुँचाता है कि
मैं ऊँचाइयों पर हूँ
ज़मीन से आसमान तक का फासला
कम कर लिया है हमने।
यहाँ से मेरी नज़र की ज़द में
और भी कई छत हैं
जिस पर लोग खड़े नहीं हो सकते।
कमज़ोर छत वाले लोग
मेरी छत को तवज़्ज़ो नहीं देते
शायद उन्हें पता है
ऊँचाइयों तक पहुँचने के बावजूद आसमान ताकने के लिए
गर्दन ऊँची करनी पड़ेगी हम सब को।
छत ज़रूरत है
ज़िन्दगी की आख़िरी सच नहीं
सीढ़ियाँ उतार देती है हमें फिर से नीचे।

9. झूठ बोलना चाहता हूँ

मैं झूठ बोलना चाहता हूँ
हैरान न हों सच के पैरोकारों
सीखना चाहता हूँ झूठ बोलने की कला।

खड़ा होता हूँ
जब-जब आईने के सामने
उलहाने देता है मेरा अक्स
धिक्कारता है
झूठ बोलने के हुनर से
अभी भी नावाकिफ़ होने पर।

मंज़रे-आम है झूठ की लुभावनी दुनिया
झूठ की गोद में तन्दुरुस्त होता हुकूमत
झूठ को दुलारती-पुचकारती सियासत
सच के जिस्म को टुकड़ों में बाँटने की
बेख़ौफ़ झूठ की क़वायद।

ख़बर की पुष्टि की ज़रूरत नहीं
ताम-झाम के साथ बुलन्दियों को छूकर
परचम लहरा रहा है झूठ
वैश्विक स्तर के अन्तरराष्ट्रीय मंचों पर
और मशहूर-ओ-मारुफ़ होते जा रहे हैं
झूठ के हुनरबाज़।

स्वयं के फिसड्डी होने का मलाल
और भी घना-गहरा हो जाता है
हुनरबाजों की तारीफ़ में बजती
गगनभेदी तालियों की गड़गड़ाहट से
कोसने लगता हूँ अपने गुरुजनों को
जिन्होंने तालीम के नाम पर
सच की घुट्टी पिला रखी है
आने वाले समय की पदचाप से अनजान
हममें देखना चाहते थे गाँधी और हरिश्चन्द्र

क़तई जी नहीं करता
यह मान लेने को
झूठ को 'ग्लोरिफाई' होते देखना
हमारी नियति है
और यह भी कि
शातिराना चालों से झूठ के 'विज़न' को
भव्य, आभिजात्य बनाकर
गाँधी, हरिश्चन्द्र की प्रासंगिकता बरकरार रखने के
दावे-प्रतिदावे सुनना
हमारी विवशता है।

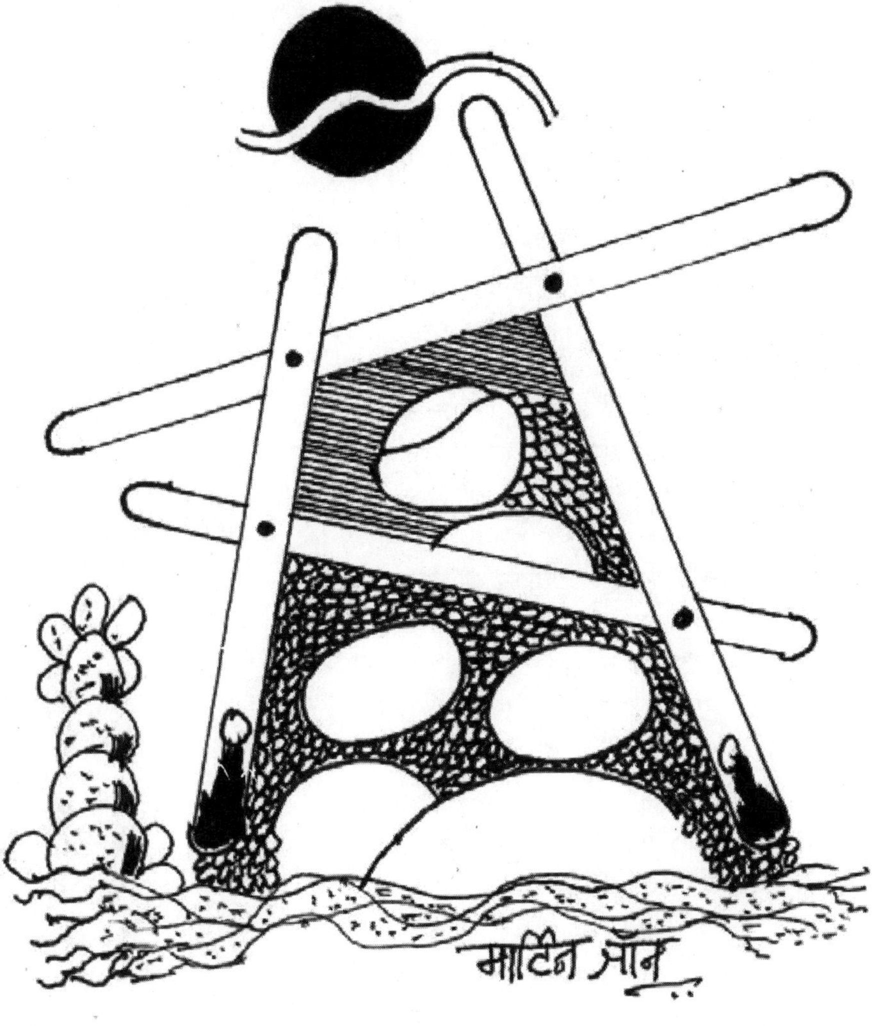
मार्टिन जॉन

10. हिटलर की पेंटिंग देखते हुए

जब थामी होगी कूची हिटलर ने
न चाहते हुए भी अर्थ खोले होंगे किस्म-किस्म के रंग
सैकड़ों बार मिचमिचायी होंगी
भौचक गोएबल्स[1] और हिम्मलर[2] की आँखें
मानसभक्तों की खूँखार टुकड़ियाँ गिरी होंगी आसमान से
क़त्ले-आम में शामिल
तोप, बन्दूक और बमों ने रोक लिये होंगे अपने हाथ
इतिहास का वह खौफ़नाक वक़्त ठहर गया होगा साँसें रोककर।

कला और क्रूरता की हैरतअंगेज गलबहियाँ पर
मुस्कराते हुए अडिग, अविचल तानाशाह को
खतरनाक मंसूबों को रंगों से सजाते देख
बारूदी गन्ध वाली हवा आँखें फाड़ देखती रही होगी टुकुर-टुकुर।

नहीं जानता था इतिहास का वो हतप्रभ पल
एक तानाशाह का रंगरसिया बन जाने का अभिप्राय
जानता था बस इतना ही
ज़ंग की दास्तां और तस्वीरें
सिर्फ़ और सिर्फ़ कच्चे गोश्त के रंग से लिखी और गढ़ी जाती है।

तानाशाह के रक्त सने हाथों में कूचियों का होना
अज़ूबा रहा होगा
रहा होगा अज़ूबा हृदय के कोमल तन्तुओं को
तोपों की गर्जनाओं,

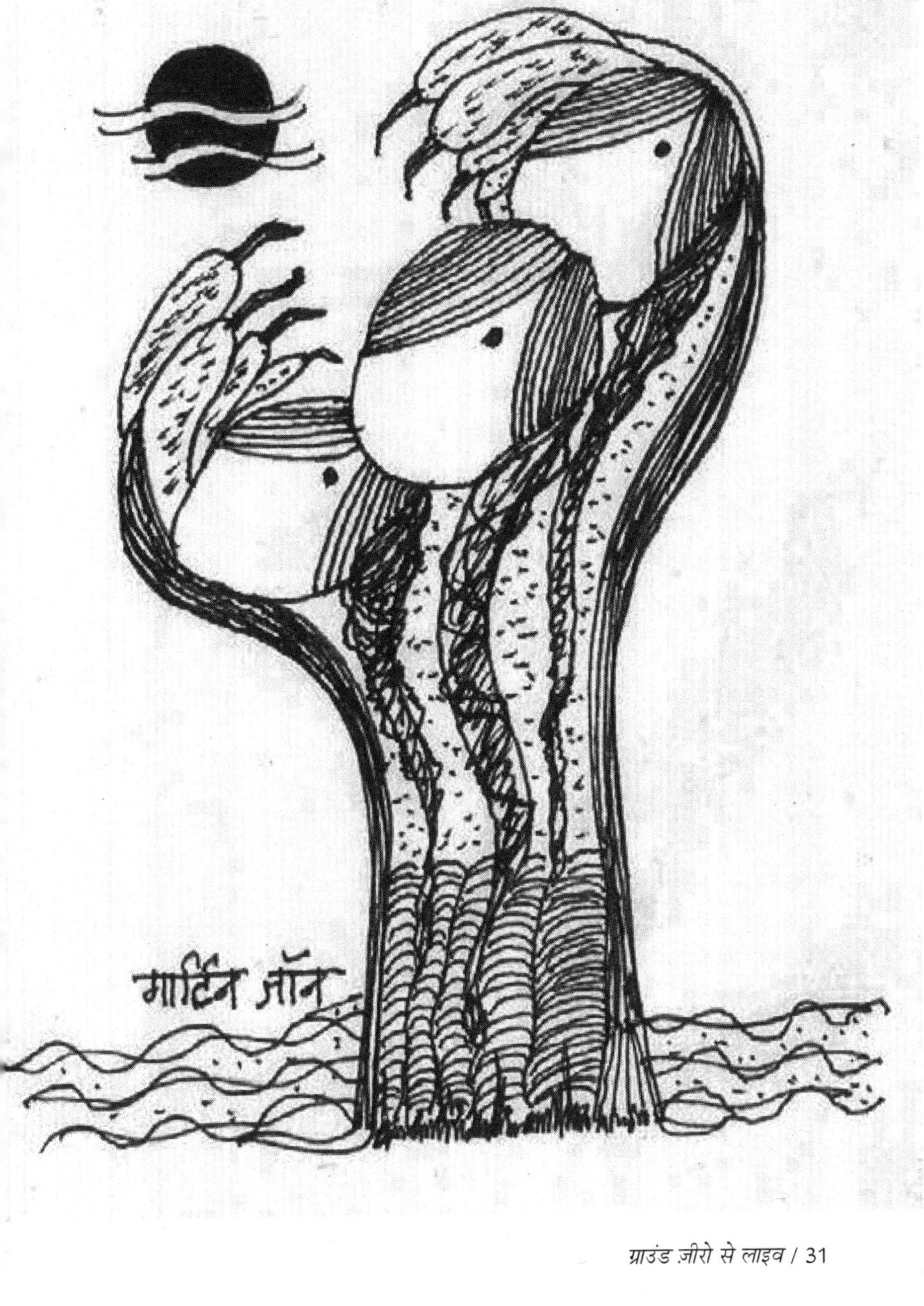
मार्टिन जॉन

चीखों, हाहाकार के साथ सन्तुलन बनाये रखना
अज़ूबा रहा होगा तस्वीरों में उतरे रंगों की मीठी बोलियों को
गोलियों के साथ तालमेल बिठाना।

सच है, वक़्त इतिहास का सबसे बड़ा गवाह होता है
हमें उसकी गवाही ध्यान से सुननी चाहिए
उस 'सनक' और विचित्रता से पर्दा उठाते
समय के सूत्रधार की भाषा समझनी चाहिए।
उसके संकेतों के रहस्य खुल रहे हैं आहिस्ता-आहिस्ता–
शातिर, चालाक तानाशाह कलाकार भी होता है
कलाकार को भीड़ चाहिए, तालियाँ चाहिए
वह भीड़ को कभी हँसाता है, कभी रूलाता है
और अन्त में हिंसक बना डालता है।
दरअसल तानाशाह के मंसूबों की पोषक होती है उन्मादी भीड़
तानाशाह की मानसभक्त है हिंसक भीड़
तानाशाह को इच्छित फल देती है विवेकहीन भीड़
तानाशाह के वजूद को बनाये रखती है दिशाहीन भीड़
तानाशाह की अदृश्य शक्ति होती है भीड़।

एलान कर रहा है समय का सूत्रधार
तानाशाह और भीड़तन्त्र के रिश्तों का 'पुनुरुत्थान'[3] हो चुका है।

1. गोएबल्स– हिटलर का शातिर, ख़ूनी प्रोपेगैंडा मैनेजर 2. हिम्म्लर– खूँखार नात्सी सैनिकों का नेता 3. पुनुरुत्थान– बाइबिल के न्यू टेस्टामेंट में ईसा मसीह के पुनर्जीवित होने पर इस शब्द का प्रयोग हुआ है।

11. तुम वहाँ नहीं हो

तस्वीरों में तुम्हें बेचे जाने की ख़बर
मामूली हो सकती है बापू
लाखों में तस्वीरों का बेचा जाना
तिज़ारती समय में ख़रीद-फ़रोख़्त की संस्कृति का हिस्सा ही है।
बेचे जाने के लिए तुम कहाँ नहीं हो बापू?
कपड़ों में, क़िताबों में, मुद्राओं में
टोपियों में, आश्रमों में, नारों में, पोस्टरों में,
आश्वासनों में, घोषणा-पत्रों में।
तुम्हें खुश होना चाहिए बापू
तुम्हारा नाम उत्पाद के रूप में
देश की अर्थ-व्यवस्था को समृद्ध कर रहा है।
मार्केटिंग की चतुर नीति के तहत
एहसास कराया जाता है तुम्हारी मौजूदगी का
सभाओं में, जलसों में, सेमिनारों में,
व्याख्यानों में, उद्घाटनों में
लेकिन एकाएक गायब कर दिए जाते हो इस भीड़ से
जहाँ तुम्हारी ज़रूरत है
तुम्हें खदेड़ दिया जाता है
या तो चीथड़ों में बाँट दिया जाता है तुम्हारे वजूद को
वहाँ तुम्हारी मौजूदगी बर्दाश्त नहीं की जाती
तुम शत्रु बन जाते हो उस भीड़ का
तुम्हारी मौजूदगी से पहले
दोस्त बना लिये जाते हैं मुसोलिनी को, ईदी अमीन को
स्टालिन को
और हिटलर को।

12. हाँ, मैं पैदल चलता हूँ

हाँ, मैं पैदल चलता हूँ
पैदल चलना कोई अज़ूबा नहीं
देश की आधी से ज़्यादा आबादी पैदल चलती है
वैसे भी देश की सेहत
उसके चलते रहने पर ही एक हद तक निर्भर है।

यह कहना भी गलत होगा कि चलना हमारी मज़बूरी है
यह तंज भी ग़ैरइन्साफ़ी होगा कि यह तो एक दिखावा है
जैसा कि देश चलाने का दावा करने वाले
पैदल चलते हैं कभी-कभार लाव-लश्कर और गाजे-बाजे के साथ
और अख़बारों में हर एंगल से ली गयी तस्वीरों
उनके 'अनमोल वचनों' के साथ
बहस का मुद्दा बन जाता है पैदल चलना
ख़बरिया चैनलों में।

भले ही देखते हैं हिक़ारत की नज़र से
दुपहिये, चौपहिये वाले
हमारी चाल के मस्ताना अन्दाज़ को
कोई फर्क नहीं पड़ता।

हमें कोई ग़म नहीं, गिला-शिकवा नहीं
कि हमारे हिस्से में फुटपाथ है
वही फुटपाथ जो रखता है महफ़ूज सड़क को
बिला शक वह सड़क राजपथ भी हो सकता है

मार्टिन जॉन

साबित कर चुका है
क्रान्ति और बदलाव का इतिहास कई बार
किसी 'नयापथ' के निर्माण में
'जनपथ' की भी भूमिका रही है।

जनपथ के हम मुसाफ़िर
सर्दियों में ठिठुरकर भी
तपती दुपहरिया में तपकर भी
आपादमस्तक भीगकर भी चलते हैं पैदल
कदम डगमगाते तो हैं
सुस्त नहीं होती हमारी चाल
दिल्ली दरबार और उनके जनहित फरमानों की तरह

बातें, मुलाकातें, हैलो, हाय, दुआ-सलाम
पैदल चलने वालों को कुछ ज़्यादा ही नसीब होता है
हमें फ़ख्र है
आत्मकेन्द्रित समय में
सिमटते रिश्तों के दौर में
दम तोड़ती सामाजिकता को प्राण-वायु दे रहे हैं
पैदल चलकर।

13. बनाओ वीडियो करो वायरल!

कर्ज़ के अजगरीपाश में छटपटाता अन्नदाता
कर रहा खुदकशी पेड़ से लटककर
दुर्लभ दृश्य है
करते रहने दो खुदकशी
बनाओ वीडियो, करो वायरल!

मंडी से हासिल हुआ सिर्फ़ एक रुपल्ली
फसल के बदले
कर रहा आत्मदाह बेबस किसान
करते रहने दो आत्मदाह
बनाओ वीडियो, करो वायरल!

लगा ली है छात्रा ने आग
शिक्षा लम्पटों के उत्पीड़न से तंग आकर
जल रहा है अंग-अंग
जलते रहने दो
बनाओ वीडियो, करो वायरल!

'बचाओ-बचाओ' की गुहार से
ज़र्रा-ज़र्रा भीग रहा है
नोच-खसोट रहे हैं भेड़िये नवयौवना को
नोचते-खसोटते रहने दो
बनाओ वीडियो, करो वायरल!

कब्र के मुहाने में खड़ा बुड्ढा
खेत की आड़ में
बच्ची के अंगों से खेल रहा है
खेलते रहने दो
बनाओ वीडियो, करो वायरल!

डूब रहा है मासूम बच्चा खेल-खेल में
निगल रही है नदी उसे साबूत
डूबते रहने दो
बनाओ वीडियो, करो वायरल!

बेटे के हाथों पिट रहा है बीमार पिता
पिघल रही है धरती, तड़प रहा है आसमान
पिता के आर्तनाद से
पीटते रहने दो
बनाओ वीडियो, करो वायरल!

डंडों की बौछार पड़ रही है सासू माँ पर
बहू के ज़ुल्मो-सितम की हो रही है इन्तहाँ
बरसते रहने दो डंडे
बनाओ वीडियो, करो वायरल!

छिड़का जा रहा है किरोसिन बहू के अंगों पर
ख़ाक होने जा रही है उसकी देह
दहेज की आग में
ख़ाक होते रहने दो
बनाओ वीडियो, करो वायरल!

आग उगलते सूरज के नीचे
तन-बदन झुलस रहा है छात्राओं का

पाठ याद न करने की सज़ा का पालन!
झुलसते रहने दो
बनाओ वीडियो, करो वायरल!

अपहृत ज़िगर के टुकड़े को
ढूँढ़ लाने की गुहार पर
पुलिस के डंडे से छलनी होती जा रही है
पिता की देह

होते रहने दो छलनी
बनाओ वीडियो, करो वायरल!

रसूखदार के लठैत
कचूमर निकाल रहे हैं निरीह बिसनु का
छल-कपट से छीन ली गयी
खेतिहर ज़मीन की वापसी की माँग पर
निकालते रहने दो कचूमर
बनाओ वीडियो, करो वायरल!

गौ पालने के अपराध में
चौराहे पर हत्थे चढ़ गया है इकबाल मियाँ
गौरक्षक गुंडों के
वार पे वार झेल रहा है 'जयघोष' के साथ
झेलते रहने दो
बनाओ वीडियो, करो वायरल!

घिर गया है नामचीन फ़िल्मकार
नैतिकता के स्व-घोषित सिपाहियों के बीच
लात-घूँसों से
संस्कृति

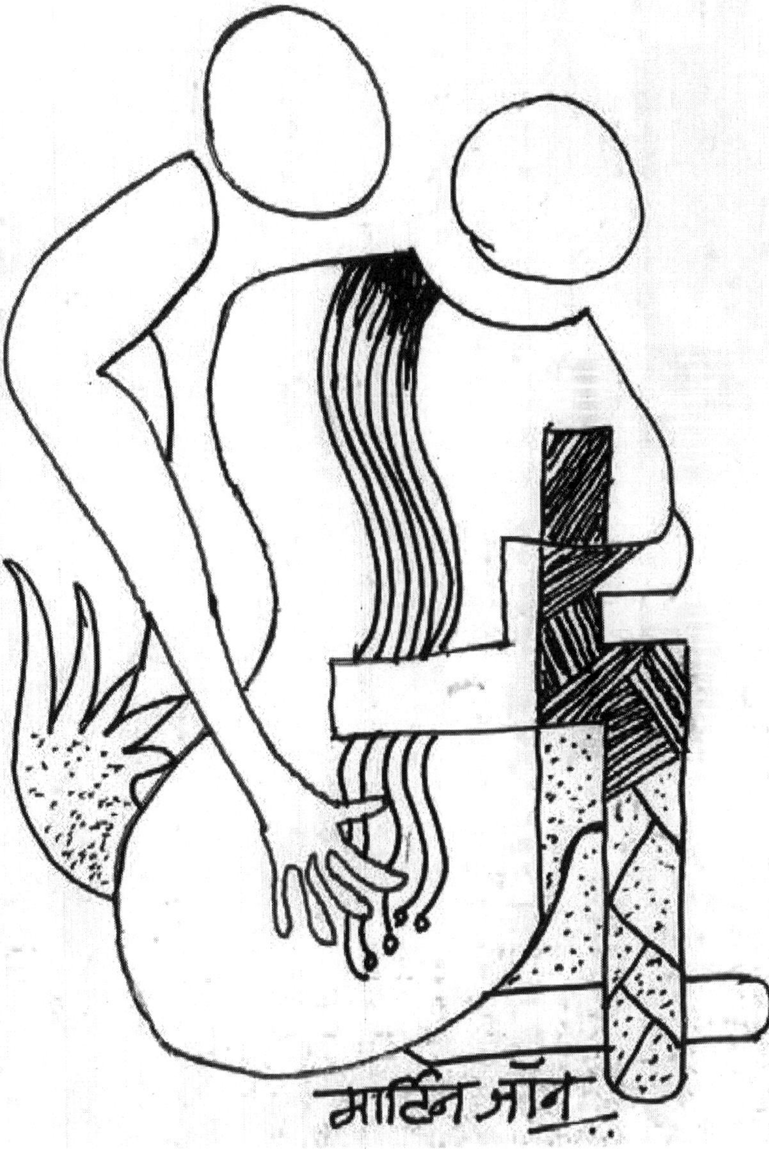
मार्टिन जॉन

नैतिकता
राष्ट्रीयता के पाठ पढ़ाये जा रहे हैं
पढ़ाते रहने दो
बनाओ वीडियो, करो वायरल!

छिछालेदार कर रहा है भाई-बहन के रिश्तों को
शर्मशार कर रहा है बाप-बेटी को
कहर बरसा रहा है 'प्रेम' पर
एंटी रोमियो स्कायड
करते रहने दो
बनाओ वीडियो, करो वायरल!

तड़प रहा है
वाहन से कुचला गया लहूलुहान मुसाफ़िर
लगा रहा है गुहार मदद की तमाशबीनों से
तड़पते रहने दो
बनाओ वीडियो, करो वायरल!

नामर्द शौहर
मर्दानगी की नुमाईश कर रहा है
बीवी के कपड़े उतारकर सरे आम
उतारते रहने दो कपड़े
बनाओ वीडियो, करो वायरल!

सुबह-सवेरे विधायक जी की लग्ज़री गाड़ी से
टकरा गया एक घरेलू कुत्ता
गाड़ी का नक्शा बिगड़ते ही
कुत्ते के मालिक का भी बिगड़ने लगा नक्शा
बिगड़ते रहने दो नक्शा
बनाओ वीडियो, करो वायरल!

मन्त्री जी के काफ़िले से
स्कूली बच्चा कुचल गया

गुब्बार उड़ाता काफ़िला तो निकल गया
पुलिस थाने में माँ-बाप को कुचला जा रहा है
कुचले जाने दो
बनाओ वीडियो, करो वायरल!

बाल काटकर
मलमूत्र डालकर
निर्वस्त्र घुमाया जा रहा है झाबुआ की मतारी को
ओझा के हुक्म पर
डायन-डायन का शोर मचा है बस्ती में
मचते रहने दो शोर
बनाओ वीडियो, करो वायरल!

इन्सानियत का पाक़-साफ़ दरिया हो गया है बदबूदार
सूख गया है संवेदना का हरहराता मीठा पानी
उभर आये हैं पत्थर बनकर ज़ज्बात
बेशर्मी के काँटेदार झाड़ियों से घिर चुका है पूरा इलाका
ज़मीनदोज हो गया है
किनारों को जोड़ने वाला हमदर्दी का पुल।

हो जाने दो बदबूदार दरिया को
सूख जाने दो संवेदना
पत्थर बन जाने दो ज़ज्बातों को
उग जाने दो बेशर्मी की झाड़ियाँ
हो जाने दो ध्वस्त हमदर्दी के पुल
बनाओ वीडियो
सनसनीखेज वीडियो
भड़काऊ वीडियो
धमाकेदार वीडियो
उत्तेजक वीडियो
और श्रेय लेते रहो सबसे पहले वायरल करने का।

14. ग्राउंड ज़ीरो से लाइव

'आइये, ले चलते हैं वहाँ
जहाँ हम सबसे पहले पहुँचे हैं
आपको सूरते-हाल सुनाने के लिए
ग्राउंड ज़ीरो से लाइव हैं हम
हमारे सहयोगी पहुँच चुके हैं
जहाँ दरिन्दों ने बेखौफ़ होकर दरिन्दगी की है
आप देख रहे हैं तीन मासूमों की लाश
इधर-उधर बिखरी पड़ी हैं
लाशें चीख-चीखकर बयाँ कर रही हैं कि
कितनी बेरहमी से उनकी मासूमियत का गला घोंटा गया
बारी-बारी से अस्मत से खिलवाड़ किया गया
घटना स्थल लहूलुहान हो चुका है...

आगे और भी बहुत कुछ दिखायेंगे
मिलते हैं एक छोटा-सा ब्रेक के बाद
कहीं जाइयेगा मत...'

और वह खूबसूरत ख़बरनवीस मुस्कराती हुई
परदे से गायब हो गयी
छोड़ गयी विज्ञापनों का अम्बार—
परफ्यूम लगाकर दौड़ता-छिपता चौड़ी छातीवाला
अधनंगा, बाँका नौजवान
उसके पीछे सिसकारी भरती, मादक अदाओं के साथ
उसे छूने को बेताब अधनंगी लड़कियाँ...
और
सनी लियोन की चमकीली पीठ की गिरह से
खेलती अँगुलियाँ, '...मन क्यों बहका रे बहका आधी रात को...'

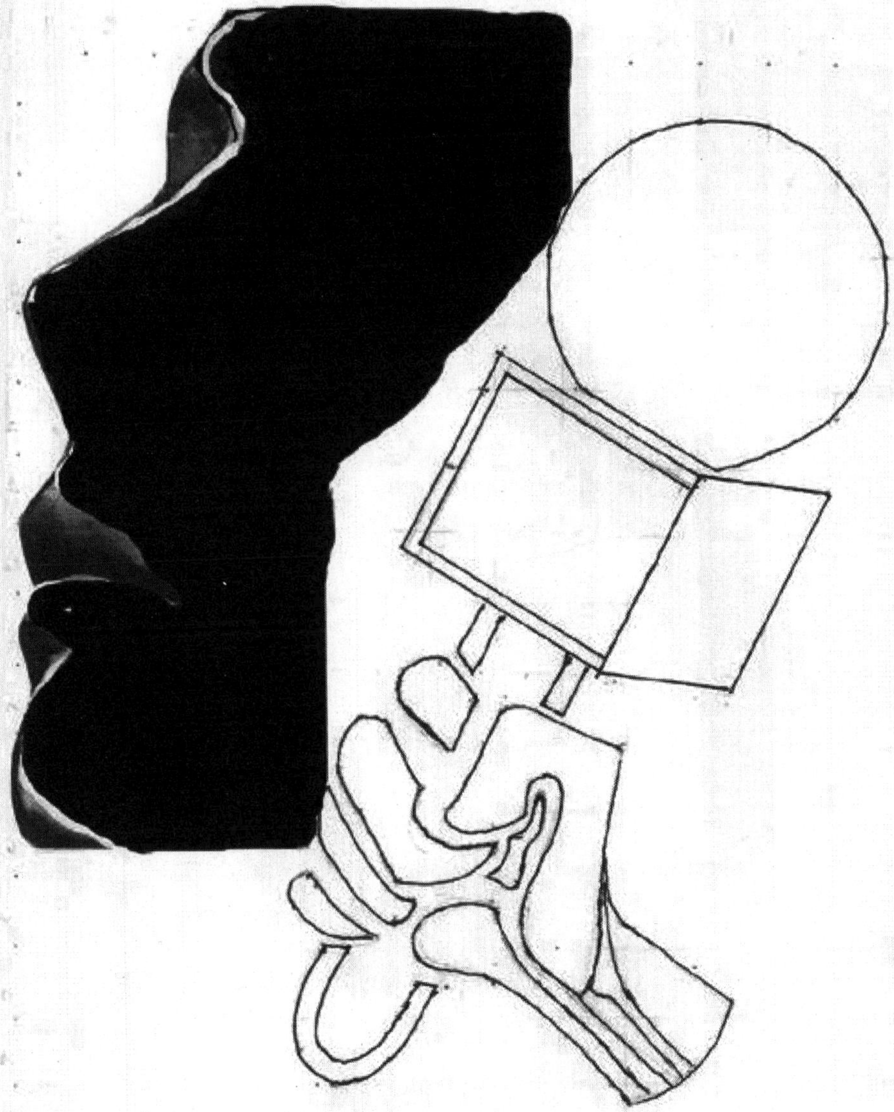

15. गलतियाँ : आज और कल

गलतियाँ कल भी ढूँढ़ा करते थे
आज भी हम ढूँढ़ते हैं
तरीके अलग-अलग हो सकते हैं
इतना तय है कि
यह हमारी सजगता का सबूत है
यही सजगता हमें चौकस रहना भी सिखाती है।

एक भरा-पूरा आदमी बनाये जाने की क़वायद में
माता, पिता और गुरुजन
गलतियाँ ढूँढ़ा करते थे हममें
और हम अक्सर
ढूँढ़ा करते थे गलतियाँ
अख़बार में छपे किसी चित्रकार के दो चित्रों में।
खेल-खेल में अन्तर बतलाकर नाम छपवाते थे
इनाम से नवाजे जाते थे कभी-कभार।

गलतियाँ ढूँढ़ने का फ़लक छोटा होता था भले ही
नाम और इनाम पाने की ख़ुशी बहुत बड़ी होती थी।

हमारी चौकसी
अब भी बरकरार है बड़े फ़लक पर
जम्हूरियत के कैनवास पर
उकेरे गये चित्रों के मीन-मेख निकालने की
गुस्ताख़ी करते रहते हैं अक्सर

मार्टिन जॉन

यह जानते हुए भी कि
चित्रकारों को नुक्ताचीनी मंजूर नहीं।

कहते हैं
हिटलर में भी एक चित्रकार समाया था
क़त्ले-आम के रक्तरंजित वक़्त में भी
अपने कैनवास पर रंगों से खेलता था वह
और कच्चे गोश्त का रंग
उसकी आँखों में चमक पैदा कर देता था।

16. एम्बुलेन्स दादा

हवाओं को चीरते
दुपहिये एम्बुलेन्स पर सवार
कच्ची-पक्की दुर्गम सड़कों को सुगम बनाते
जब दौड़ते हो
एक 'रेस' का हिस्सा बन जाते हो तुम भी।
यह 'रेस' किसी मल्टीनेशनल कम्पनी द्वारा प्रायोजित नहीं होता
और न कोई राष्ट्रीय स्पर्धा में शरीक होते हो
इस रेस में मौत को पछाड़ना होता है
ज़िन्दगी को जीताने के लिए।

आँधियों के खिलाफ़
जब घूमते हैं तुम्हारे पहिये
वहाँ तुम नहीं होते
होता है तुम्हारा ज़ज्बा
तुम्हारा जुनून
पीछे छूट जाती है बहुत पीछे
तुम्हारी अपनी ज़िन्दगी
ज़िन्दगी की कही-अनकही कहानियाँ
और तुम्हारे सूखे दिन, सुलगती रातें।

मसीहा कहलाना
मंजूर नहीं तुम्हें
टूटती-बिखरती साँसों की डोर थामे
बने रहना चाहते हो करीमुल हक़ ही।

*अपनी बाइक से मरीजों को निःस्वार्थ भाव के तहत अस्पताल ले जाने का काम करने वाले पश्चिम बंगाल के जलपाईगुड़ी जिले के निवासी पद्मश्री सम्मान से सम्मानित करीमुल हक़ एम्बुलेन्स दादा के नाम से जाने जाते हैं।

17. व्हीलर के बुक स्टॉल में चौबे जी

प्लेटफ़ॉर्म नम्बर तीन पर
पुरी-दिल्ली एक्सप्रेस की आने की सूचना हो चुकी है
चौबे जी की मुस्तैदी बढ़ जाती है
सुबह से झाड़-पोंछकर चुके हैं कई मरतबा
फिर एक बार दुहराते हैं।

पिछली ट्रेन के मुसाफ़िरों ने
स्टॉल का हुलिया बिगाड़ दिया है
उन्हें पता है, पन्ने पलटने वाले दस में से
दो ही ख़रीदार होते हैं
ये ख़रीदार ही पाठक होते हैं
शेष सारे फोटोप्रेमी– अँग्रेज़ी पत्रिकाओं के चिकने पन्नों में
परोसी गयी मांसलता के दीवाने।

दशकों बीत गये क़िताबों के बीच रहते
स्टॉल के सामने पन्ने पलटने वालों की
'हरक़तों' का मुआयना करते
उनकी 'कैटगरी' को परखते, 'टेस्ट' को भाँपते
तभी तो स्टॉल के फ्रंटलाइन में
यात्रियों को दावत देने की खातिर 'मज़ेदार किस्से',
'रंगीन रातें', 'डेबोनियर' वग़ैरह मुस्कराती रहती है
दूर किनारे 'आउटलुक', 'इंडिया टुडे' अपनी बारी की
प्रतीक्षा करती रहती है
दीवार से सटी खुली अलमारी के खानों में सजी
'हंस', 'कथादेश', 'वागर्थ', 'कथाक्रम' जैसी मासिकी, त्रैमासिकी

मार्टिन जॉन

पाठकों की नज़रें-इनायत के लिए तरसती रहती हैं
'पहल' को अपनी श्रेष्ठता का गुमान तो है
किसी पाठक के हाथों पहुँचने की नाउम्मीदी ने
बेहद मायूस कर दिया उसे
रेलवे अफ़सरानों की 'मेमसाहिबों' को प्रसन्न रखना
धन्धेबाजी का एक खास गुर है
'गृहशोभा', 'मायापुरी', 'स्टारडस्ट' की अतिरिक्त प्रतियों का
बोझ उठाना पड़ता है उन्हें।

क़िताबों और पाठकों की दुनिया के
कई खट्टे-मीठे किस्से दर्ज़ हैं उनकी स्मृति में
तभी तो क़िताबों के बीच रहते तो हैं
नहीं की दोस्ती क़िताबों से कभी
क़िताब महज एक माल है
जैसे दाल, चावल, शैम्पू, टूथपेस्ट
क़िताबें बेचते हुए
'क्रेता-विक्रेता और उत्पाद' के अर्थशास्त्रीय सिद्धान्त का
सख्ती से पालन करते हैं।

सच तो यह है कि चौबे जी 'दुकानदारी' करते हैं
दुकानदारी चमकाने के लिए
पाठकों की 'असली भूख' को
कैसे नज़र-अन्दाज़ कर सकते हैं।

18. बेशक, मैं गन्दा आदमी हूँ

बेशक, मैं गन्दा आदमी हूँ
तथाकथित महान और पूज्यनीय क़िताबें गवाह हैं कि–
मेरे 'गन्दा' होने का श्रेय आपको ही जाता है।
आपकी दुनिया साफ़-सुथरी रहे, ख़ुशबूदार रहे
आपकी धरती, आपका आसमान चमकता दमकता रहे
हमारे हिस्से में दर्ज़ किया सड़ान्ध
आपके आक़ाओं ने।

वक़्त आपकी मुट्ठी में है
वक़्त की सितमगरी ही कहें
हमारी ज़रूरत बन गयी है आपकी गन्दगी
जैसे भूख के लिए अन्न
अन्न के लिए खेती
खेती के लिए ज़मीन।

गन्दा आदमी हूँ
बावजूद इसके हमारी दुनिया गन्दी नहीं है
कैसे छुपायेंगे आप अपनी छुपी हुई गन्दी दुनिया
मुखौटे वाली दुनिया
छद्म दुनिया, सड़ान्ध भरी दुनिया।

बसायी है एक और दुनिया इसी दुनिया ने
आलीशान मकानों की दुनिया,
गगनचुम्बी अट्टालिकाओं की दुनिया

मार्टिन जॉन

ताज, हयात और 'सम्राट' की दुनिया
देह और गर्म गोश्त की दुनिया
जन और तन्त्र को 'खलास' करती दुनिया।

आपकी 'सफ़ेदी' के लिए
हमारा गन्दा होना कितना ज़रूरी है
इसकी अहमियत
वक़्त की कोख़ में पल रहे वे दिन
चाँटे मारकर बतलायेंगे
जब हम भी ख़ुशबूदार हो जायेंगे
हमारी सफेदी भभकता सूरज की किरणों की तरह
आपकी आँखों में बर्छियाँ चुभायेंगी।

19. कुतिया होती औरत
(गौरी लंकेश को याद करते हुए)

सुनो, पूज्यनीय माताओं,
प्यारी बहनों और स्नेहिल बेटियों!
इस महान देश में तुम्हें जीवित रहते
छिनाल बना दिये जाने की सुदीर्घ परम्परा तो रही है
मरने के बाद अब
कुतिया बन जाने को तैयार रहो
एक अघोषित स्वीकृति के तहत।

तुम्हें पूजे जाने पर
तुम्हारे आस-पास तथाकथित देवताओं की उपस्थिति का
सब्जबाग खूब दिखाया गया
सुविधाभोगियों द्वारा
सीता, सावित्री और अहिल्या की कथाएँ
सुनाई जाती रही हैं
और तुम
देश की संस्कृति के सिपहसालारों की
बनायी आचार-संहिता का अक्षरशः पालन करती रही हो।
महान देश की महान औरत बनाये जाने की क़वायद में
तनिक भी आभास नहीं इसका तुम्हें कि
तुम्हारी स्त्री होने की प्राकृतिक अनुभूति को
संस्कृति के ही शिलाखंडों से दबायी जाती रही है।

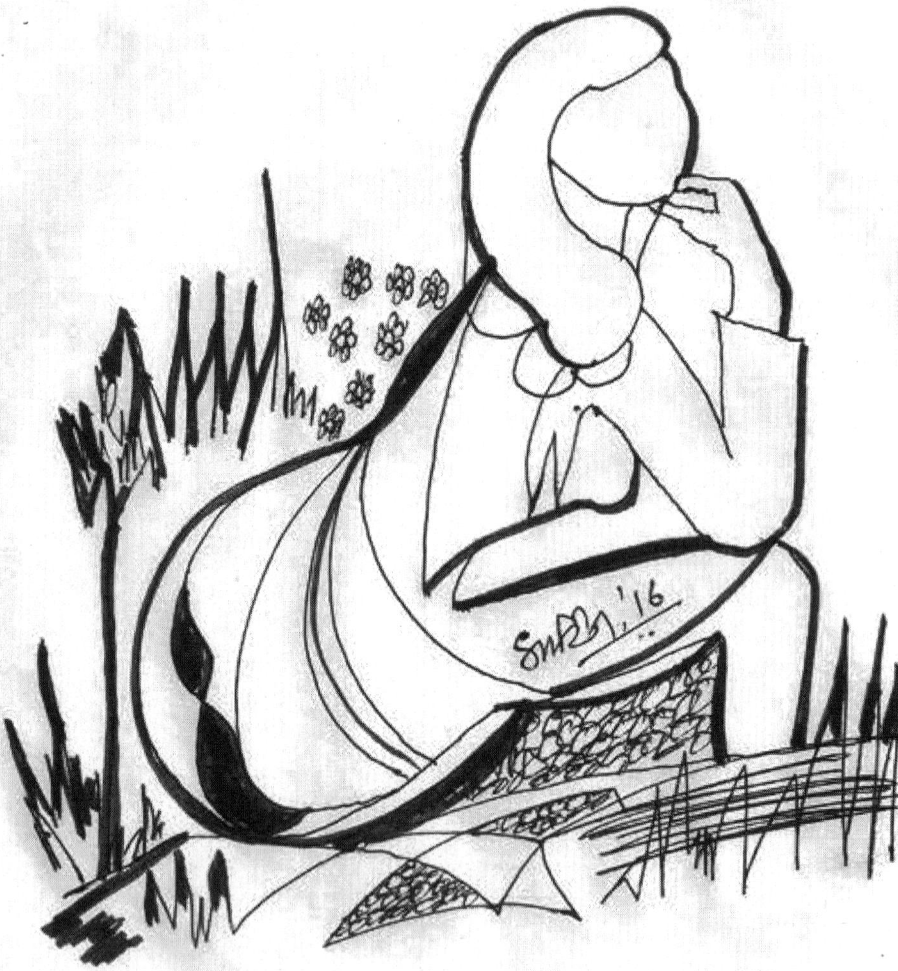

संस्कृति के सूरमाओं का दावा है कि
फल-फूल रही है उनके आने से
अलौकिक सुगन्ध संस्कृति की
सात समन्दर पार जाकर
सबको सुगन्धित, स्तम्भित कर रही है।

ताज़ा-तरीन सोच के तहत
नायाब शब्द और भी ढूँढ़े जा रहे हैं
नयी ताक़त की कोख़ से उपजी
विशेषज्ञों की फौज जुट चुकी है
अभिनव उपमाओं के अन्वेषण में
सिर्फ़ और सिर्फ़ तुम्हारे लिए।

20. माँ बीमार है

बीमार है मेरी माँ
दुनिया की हर शै होती हैं बीमार
सच को स्वीकारने के बावजूद मैं स्थगित हो गया हूँ
मेरी दुनिया स्थगित है
शेष सब पूर्ववत है, यथावत है।

इन्द्रियों की सक्रियता, गतिशीलता पानी बनकर
बंजर समय के सोख्ता कागज़ पर सोखायी जा रही है
खनकते सिक्कों से उपजी खुरदुरी और सूखी संवेदना
माँ की रगों में दौड़ायी जा रही है नर्स के हाथों।

माँ की आह और मेरे चेहरे पर उग आयी पीड़ा की कँटीली झाड़ियों का
डायग्नोसिस कर तालमेल बिठाया जा रहा है
अस्पताल के रंग-रोगन से।

अस्पताल के बाहर शोर-शराबा है, ठहाका है
बतकही है
पकौड़े की गन्ध है
जलेबियों की मिठास है
मस्ताये माहौल के बीच चीख-चीखकर कहना चाहता हूँ
मेरी माँ बीमार है।

कसैले और बेचैन समय में चाहता हूँ कि
एक ख़बर बने माँ की बीमारी
ख़बर सूरज तक पहुँचे और वह अपनी तपिश पी ले

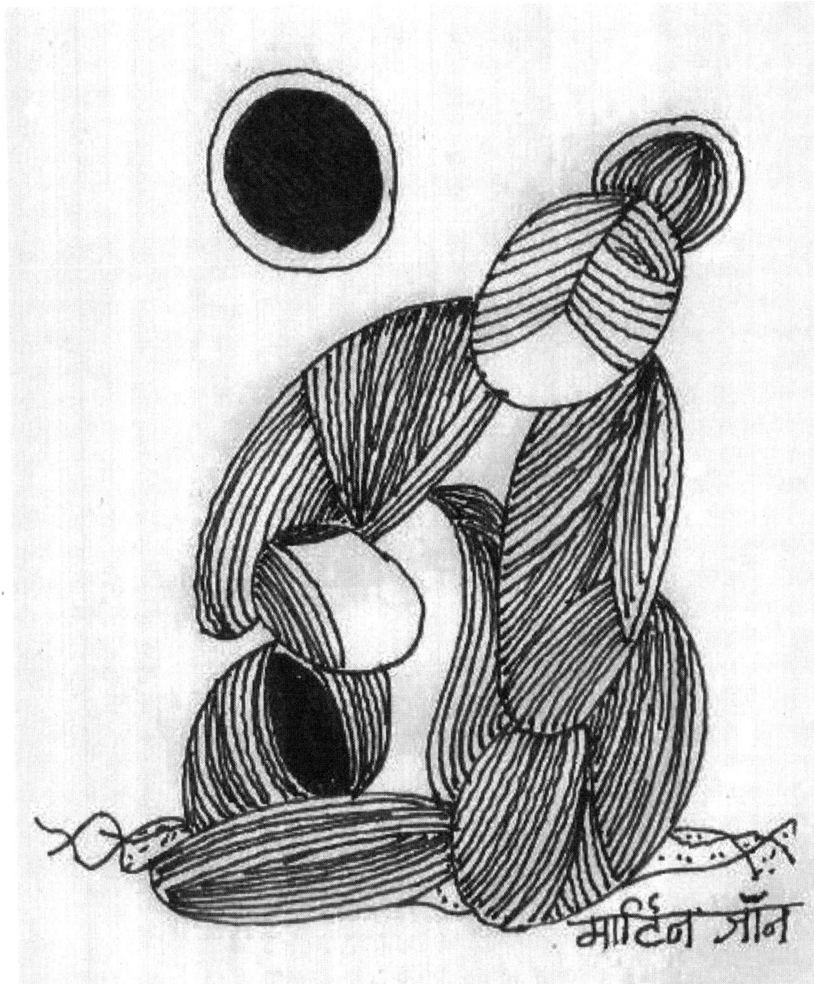
मार्टिन जॉन

चाँद अपनी चाँदनी को स्वर्ग दूत बनाकर भेजे
माँ के सिरहाने
राग शिवरंजनी घुल जाये हवाओं में।

ख़बर पहुँचनी चाहिए
मुनव्वर राना और बशीर बद्र तक
हुक्मरानों के कुत्ते की बीमारी ख़बर बन जाती है
माँ की बीमारी पर सारी क़ायनात ख़ामोश है।

इन दिनों मैं माँ में समाया हूँ और माँ मुझमें
साथ-साथ सोने के उपक्रम में जागते रहते हैं
हमारी आँखों की कातरता समन्दर बनने से पहले
वाष्प बनकर उड़ जाती है।

काँटें की तरह चुभ रही हैं पड़ोसियों की खिलखिलाहटें
परिन्दों की चहचहाट कानों में पिघलता सीसा उड़ेल रही है
गुज़रते बच्चों का बेशऊर शोर हथौड़े चला रहे हैं
पसीजना चाहिए सबको
पिघलना चाहिए बर्फ़-सा
आख़िर वह मेरी माँ है!

'कैसी हो?' के उत्तर में मूँदी आँखों से ज़वाब लुढ़क जाते हैं
महानदी, महासागर समा सकते हैं इन ज़वाबों में
बूँदें जो पृथ्वी से भी बड़ी लग रही हैं
कही-अनकही बातों से ग्रन्थ रचा जा सकता है!

माँ की हथेलियों को दबाते हुए हौले-हौले सर सहलाता हूँ
लुढ़क जाते हैं और दो बूँद
मेरे भीतर का हाहाकार सुनकर।

शब्दहीन संवाद के बाद दुनिया का चेहरा देखता हूँ
सब कुछ पूर्ववत है, यथावत है।

21. ...और माँ चल बसी

कमरे के नथुनों में मृत्युगन्ध समा चुकी है
मोमबत्ती की लौ, धूप के धुएँ, पादरी के ईशवचन
धर्मबहनों की प्रार्थनाएँ –
कितनी ज़ल्दी दिख पड़ती हैं
मातमी माहौल बनाये जाने की तत्परता।

ऐसा क्योंकर होता है कि माँएँ चल बसती हैं
पृथ्वी डोलती तक नहीं
क़ुदरत के सीने में कोई हलचल नहीं होती
कितने सख्त हैं क़ायदे-कानून
न पसीजती है न पिघलती है प्रकृति!

कन्धों पर पड़ी तसल्ली की हथेलियों को
कुछ कहते सुनता हूँ
मातृविहीनता का दुःख अपना दुःख है
सदियों पुराने लीक पीटते अवसरवादी शब्द
इजाफ़ा कर देते हैं समन्दर के उफान में।

बाहर बूँदा-बाँदी है
भीतर आँखों का पानी तौला जा रहा है आँखों से
मानो, माँ ने आँखें मूँदकर
द्रवित होने की प्रतिस्पर्द्धा की हरी झंडी दिखा दी हो!

चन्द आख़िरी और कीमती साँसें
धड़कनों की पोटली में बाँधकर और तकिये के नीचे दबाकर

ले गया होगा समय माँ की अँगुलियाँ थामे उस घर में
जहाँ रसोई के पुराने बिखरे बर्तनों से कुछ फुसफुसायी होगी
धूल भरे आँगन को बतायी होगी अपनी लाचारी
खाँसता-खँखारता बीमार टी.वी. को गले लगायी होगी
जो माँ के अकेलेपन को बड़ी ईमानदारी से से बाँटता रहा है
आख़िरी बार खुला होगा टीन का बक्सा
बहुओं की दी हुई साड़ियाँ, चाँदी की अँगूठी
पेन्शन और बैंक के खातों से न जाने क्या क्या बतियायी होगी
पापा की तस्वीर पर अँगुलियाँ फिराती हुई
'अब लो न! ...आ रही हूँ!' कहकर भिगोयी होगी आँखों की कोर
माँ के काँपते हाथों की छुअन-भर से
भर भराया होगा बेल का पेड़
छः दशक का साथ छूटने का दुःख शायद झेल पाए!
घर को घर बनाया था माँ ने, अलविदा नहीं कह पाया होगा वह
जी लेगा माँ की गन्ध के सहारे
घर के नये लोगों के बीच वही घर।

22. माँ के चल बसने के बाद

रिश्तों की चादर सहेजने का हुनर
काश! हम सीख लेते माँ से!

कुछ रिश्ते कॉलबेल बजाकर दाख़िल होते गये अन्दर
कुछ दबे पाँव माल-असबाब के साथ सरकते गये ...
रिश्तों की आवाजाही पर आँखें तरेरकर
ख़बरदार करता है मुझको मेरा घर!

कुछ रिश्ते अपने खोल से निकल आये हैं
कब्र, कफ़न, कॉफिन को कटघरे में रखकर ज़िरह करने लगे हैं।
अँगुलियाँ व्यय की बैलेन्स शीट पर टिकी हुई हैं
माँ के न होने की अनुभूति पर हिसाब-क़िताब हावी है
कितनी ज़ल्दी सूख जाती है हमारे अन्दर की नदी
वग़ैर धूप और गर्मी के!

माँ भी मोहताजी और सूखते समय में बनाती थी बैलेन्स-शीट
हमलोगों के लिए अलग-अलग
कभी अँगुलियाँ उठाने फिराने की नौबत नहीं आयी
बैलेन्स-शीट ने ही हमें ज़गह दी बने रहने की, टिके रहने की।

निगल चुका है स्याह अँधेरा सूरज का गोला
और इधर हमारे कन्धों पर रिश्तों का जनाजा है
कौन इन्तज़ार करे सूरज का सुपुर्द-ए-ख़ाक के लिए!

23. माँ और बेल का पेड़

नहीं जानती थी माँ अदन की वाटिका
और ज्ञानचक्षु वाला फल का पेड़
न तो हरियाली मुहिम के नारे।

रोपा गया था जब बेल का पौधा
पहलौठी सन्तान कुनमुनायी थी माँ के गर्भ में
रोज़ एक मग ममता और वात्सल्य का शुद्ध पौष्टिक आहार
उसके गबरू जवान होने, बगलगीर पेड़ों के सीने में
साँप लोटने के लिए काफी था।

बेलुवा सम्बोधन के साथ माँ की थपकियों से
उसकी धमनियों में जो कुछ होता था
झूम-झूमकर ज़ाहिर करता।
बुरी लत लग गयी थी माँ की दुलार की
अलसुबह आँगन बुहारते हुए निहार लेती थी माँ
गद्‌गद्‌ हो जाता था वह
बखूबी समझती थी माँ बेलुवा की ज़ुबान।

चाहता तो था बेलुवा माँ का आँचल फलों से लाद देना बारहों महीना
मौसम की हिदायतों को नकार कर बद्‌तमीज़ नहीं होना चाहता था
हाँ, अपनी मिठास पूरी उड़ेल देता था ऐसा कि
साल बीत जाये स्वाद न जाये!

सलामती और लम्बी उम्र की माँ की दुआ के बावजूद
जीने की चाह एकबारगी झटक दिया
जैसे झटकता है कोई सोते में ओढ़ी हुई चादर
बुरी ख़बर सुनकर।

इधर माँ की साँसें उखड़ी
धराशायी हो गया वो माँ से लिपटने के लिए
लौ और लगन की मिसाल न किसी ने देखी न सुनी
अब तक!

हम रह गये, आगे भी रह लेंगे माँ के बग़ैर!
बेलुवा रह नहीं सका माँ के बग़ैर
रूहानी रिश्ते का रूहानी सफ़र–
गीत और किस्से सुनाते हैं अक्सर परिन्दे अपने बच्चों को।

24. ...ताकि हम खटखटाते रहें!

"...क्योंकि जो माँगता है, उसे मिलता है
और जो ढूँढ़ता है, वह पाता है; जो खटखटाता है
उसके लिए खोला जायेगा।"*

माँगने का सिलसिला कभी रुका है क्या?
पाये जाने का मामला
भले ही सन्दिग्ध हो सकता है
वरना हमारे जुड़े हुए हाथों में
बबूल के काँटें नहीं उग आते
हमारी मुट्ठियों से
समन्दर की रेत-सा सब कुछ
फिसलकर ज़मींदोज़ नहीं हो जाता
उम्मीदों की आँखों में
सूना आकाश उतर नहीं आता
बग़ैर पूछे भी तो बहुत कुछ ले लिया जाता है
जैसा कि तुम कहते हो
मिला था वो सब माँगने पर ही।

हालाँकि माँग और आपूर्ति के
अर्थशास्त्रीय सिद्धान्त का प्रतिपादन नहीं करते हो
वर्चस्व और दासत्व का सिद्धान्त की जड़ें
गहरे जमा चुकाने में सफल रहे हो।

रही बात ढूँढ़ने की तो
ढलते सूरज-सी कई-कई ज़िन्दगियाँ

मार्टिन

गुम हो गयीं लाठियाँ ढूँढ़ रही हैं
ढूँढ़ा जा रहा है दूध से भीगा बेशुमार आँचल
उड़ा ले गयी हैं आँधियों ने जिन्हें
हज़ारों ख़्वाहिशों के दरवाजे पर ताले पड़े हैं
चाभियाँ ढूँढ़ी जा रही हैं
तुम भी कहाँ मिल पाते हो
पहाड़ों, पत्थरों और पेड़ों में
तुम्हे ढूँढ़ने की क़वायद बदस्तूर जारी है
रेत के समन्दर-सी होती ज़िन्दगी और
मरीचिका-सा होते समय में
एक मुक्क़मल मुक़ाम की तलाश
प्रार्थनाओं में तुम्हें ज़िन्दा रखने का उपक्रम ही तो है।

वह कौन-सा घर है
कैसा घर है?
महल है या कोठी?
सोने-चाँदी का है या ईंट-पत्थर का
जहाँ तुम रहते हो
और जिसके दरवाजे भी होते हैं
दरवाजा जो तुम्हें उस पार रखा है
जहाँ फरियादियों की मुलाक़ात
पहले पहरेदारों से होती है
खटखटाने के लिए
उनकी इज़ाज़त की ज़रूरत पड़ती है।
पहले इसका खुलासा हो जाना चाहिए कि
यह तम्हारे घर की
पहरेदारी है या
नयी ताक़तों से लैस
मुट्ठी-भर पहरेदारों के क़ैद में हो तुम!

*बाइबिल का नया नियम / सन्त मत्ती रचित सुसमाचार– अध्याय 7, पद संख्या 7 से 8।

25. हाँ बाबू, मैं ग़रीब हूँ!

हाँ बाबू, मैं ग़रीब हूँ!
मेरी ग़रीबी के सारे सबूत आपके सामने हैं
इसलिए बग़ैर किसी दबाव में स्वीकारता हूँ
परदादा ग़रीब थे
दादा ग़रीब थे
बाबा ग़रीब थे
ग़रीब होने की सुदीर्घ परम्परा का
निर्वाह करने को अभिशप्त हूँ।

हाँ, मैं वही ग़रीब हूँ
सियासतदां ज़रूरत के मुताबिक़
भीड़ में उछालते रहते हैं मुझे गेंद की तरह
दरबार की संचिकाओं में
मोटे-मोटे हर्फ़ों में 'बड़ी-बड़ी बातें' दर्ज की जाती हैं
यह अलग बात है कि दशकों बीत गये
उन 'बातों' को हम तक पहुँचने में
सफ़र है कि ख़त्म ही नहीं होता
उम्मीद है कि मरती ही नहीं।

मैं वही ग़रीब हूँ
ख़ास मौसम में ख़ास लोगों के सीने में
दर्द कुछ तेज़ हो जाता है हमारे लिए
और अपने आँसुओं को 'मोती' बताकर दस्तक देते हैं
हमारे दरवाज़े पर

दरबारी क़वायद का कमाल तो देखिये
हमारी मैली, बदबूदार चादर पर
टाँक जाते हैं फर्जी चाँद-सितारे और भोर का सूरज
सब्ज़बाग दिखाकर।

मैं वही ग़रीब हूँ
जिसकी कोई नहीं सुनता
लेकिन आँकड़ों के बाजीगरों में
मेरे बारे में सुनाने के लिए होड़ मची रहती है
ख़ास मौसम में, ख़ास लोग 'ताल ठोंककर'
'हल्ला बोलने' को उद्यत रहते हैं
मौसम गुज़र जाने के बाद
हम गुब्बार देखते रहते हैं।

मैं वही ग़रीब हूँ
सहमा-सहमा-सा रहता हूँ, डरा-डरा-सा रहता हूँ

जब जब जाता हूँ बाज़ार
हिक़ारत की नज़र से देखता है बाज़ार
महँगाई के होंठों पर पसर जाती है कुटिल मुस्कान
दोनों लुटते हैं, नोचते-खसोटते हैं
धकियाते हैं, गरियाते हैं।

मैं वही ग़रीब हूँ
धकियाये जाने की नियति झेलता आ रहा हूँ
थानों में, कचहरियों में, पंचायतों में
अस्पतालों में, दफ़्तरों में, स्कूलों में
भीड़ में, ज़श्नों में, मंडियों में, राशन की दुकानों में।

मार्टिन जॉन

मेरे नाम पर आँसू
मेरे नाम पर बहसें
मेरे नाम पर सभाएँ
मेरे नाम पर जुलूस
मेरे नाम पर रैली
मेरे नाम पर दरबार
मेरे नाम पर सेमिनार
मेरे नाम पर योजनायें
मेरे नाम पर तालियाँ
मेरे नाम पर इनामात।

सब कुछ होता है मेरे नाम पर
नहीं होता है जो होना चाहिए मेरे लिए।

मैं वही ग़रीब हूँ
जिसे कैनवास पर उतारते रहते हैं रंगरसिये
लाखों में बिक जाती हैं तस्वीरें
सुरों में, कविताओं में ढाला जाता है मुझे और
इनामों की बरसात हो जाती है
पर्दे पर दिखीं हमारी तस्वीरें
क़िताबों में समेटी गयी हमारी ज़लालत
अमर्त्य सेन, सत्यजीत रे, डैनी ब्याल की तस्वीरें बदल गयीं
जिनकी तस्वीरें चमकीली थीं पहले से ही
रह गयी हमारी तस्वीर अन्ततः मटमैली और रंगहीन।

26. आओ, आज़ादी-आज़ादी खेलें!

आओ हम अज़ब देश, गज़ब देश की पेट्रोयोटिक धुन पर
गायें नहीं, आज़ादी-आज़ादी खेलें
देश-देश खेलें!

ध्यान रहे, कुछ क़ायदे-कानून हैं खेल के जो
सोची-समझी नीति के तहत दर्ज़ है 'खेल-संविधान' में
आचार-संहिताओं की फ़ेहरिस्त भी सुप्रचारित है।

बहुत सारे अधिकारों से लैस है 'रेफरी'
जो झंडों, बैनरों, नारों से पटे मैदान में
आपके आगे-पीछे दौड़ता रहेगा सीटियाँ बजाते हुए
समझना होगा आपको
किस्म-किस्म की सीटियों के मायने और संकेत

बजायी जायेंगी तालियाँ दर्शक-दीर्घा से
हौसला-अफ़जाई के लिए
तालियाँ बजाने का हक़ केवल चुने हुए दर्शकों को होगा
थिरका करेंगी चियर लीडर
तीन रंगों की झालरें लहरातीं

आयोजकों के पसन्दीदा 'ज़ज्बा'
आपके सीने में, शिराओं में उछाल मारता रहे
ढोल-नगाड़ों का उन्मादी शोर पहुँचता रहेगा आपके कानों तक
ये शोर इतिहास में दफ़न शौर्य गाथाओं को दुहराता
तथाकथित शूरवीरों को जगाता पहुँचेगा आप तक।

मार्टिन जॉन.

उम्दा प्रदर्शन और शक्ति-संचार के लिए
कुछ चुने हुए शब्दों की गोलियाँ गटकनी होगी
भले ही कड़ुवी हो
इससे इतर गोलियाँ हलक तक पहुँचने की आज़ादी नहीं होगी।

सख़्त कायदों की फ़ेहरिस्त से
'वार्निंग' पर कैंची चला दी गयी है
ग्रीन कार्ड, रेड कार्ड बग़ैर दिखाये
मैदान से बाहर कर दिये जायेंगे 'डिस्कोलीफाई' होने पर।

क्रिकेट की तरह खेल सकते हैं आज़ादी
गेंद की तरह खेल सकते हैं आज़ादी
हॉकी की तरह खेल सकते हैं आज़ादी
याद रहे
सारे उपकरण खेल के एक ही रंग के होंगे

और खेलना होगा उसी रंग-रूप में ढलकर

गौरतलब बात यह है कि
खेल की रनिंग कमेंट्री एक ऐसी आवाज़ में होगी
जो अधिपतियों द्वारा प्रमाणित और सत्यापित होगी।

27. क्या सीन है!

वक़्त के क़ब्रिस्तान में
करने लगी शाम ब्रेक डांस
बूढ़ा सूरज
खाँसता, खँखारता, नाक सिकोड़ता
समा गया अपनी कुटिया में
ओढ़कर कम्बल रात ने बजायी
इस कदर तालियाँ
आसमान के कटोरे से छलक पड़ी
शबनम की बूँदें।

मार्टिन जॉन

28. छवियाँ गढ़ने की जद्दोजहद

छवियाँ शाश्वत हैं
जैसे ज़िन्दगी, जैसे मौत, जैसे फ़लक पर चाँद-सितारे
जैसे सूरज का भभकना, दमकना, चमकना
छवियाँ गढ़ने की आदिम कथा सृष्टि ने लिखी है
युगों-युगों से कथा बाँची जा रही है निरन्तर
जैसे हरिकथा अनन्ता
अकाट्य सत्य यह भी है कि
छवियों को माँ का आँचल पनाह देता है
बहलाता, पुचकारता है
ब्लैक बोर्ड का सफ़ेद चाक
मास्टर जी की छड़ी
ब्रेकटाइम का टिफीन बॉक्स
छवियों को दौड़ना सिखाते हैं
ज़िन्दगी से अलग कैसे हो सकती हैं छवियाँ
जबकि छविविहीन अदन की वाटिका में
सज़ा पाने के बाद
आदम और हव्वा ने ही गढ़ी थी छवि।

छवियाँ गढ़ने की ज़द्दोज़हद की दास्तां
कुरआन के सीने में दफ़न है
बाइबिल के पन्नों में दर्ज़ है
कथा को बजरिये गीता,रामायण गाहे-बगाहे
बँचवाते रहते हैं छविपरस्तों की जुनूनी भीड़
छवियाँ सर्वव्यापी हैं, सर्वकालिक हैं

मार्टिन जॉन

जहाँ-जहाँ ज़िन्दगी की रेलमपेल रही है
ज़ंग के इतिहास में
मौजूदा वक़्त में जो कल इतिहास बनेगा
छवियों की लीला क्रूरता के साथ मौजूद है
हिरोशिमा, नागासाकी, पानीपत, कारगिल, गाजापट्टी
मोसूल, सीरिया तमाम
कई-कई छवियों के जन्मने के गवाह हैं
केवल क्रूर और खौपनाक छवियों का गवाह नहीं है इतिहास
ख़ूबसूरत छवियाँ, सतरंगी छवियाँ, मनमोहक छवियाँ
गढ़े जाने की दास्तां भी दर्ज़ है उसमें।

29. उन्हें नींद आ ही जाती है

कुछ बद्तमीज़ और बेशर्म ख़बरें
अगवा कर लेती हैं हमारी नींदें
बग़ैर किसी ज़द्दोज़हद के
और थमा जाती हैं हमारी हथेलियों पर
सोच की कुछ कड़ुवी गोलियाँ
अन्ततोगत्वा निष्फल हो जाती है अगवा हुई नींद की तलाश
कुछ बेशर्म ख़बरें
बाल भी बाँका नहीं कर सकती कुछेक की नींद का
मसलन
गाँव के छुटभैय्ये
पोखरों, तालाबों, नहरों, कुओं के पानी
बिना डकारे पी जाते हैं
प्रधान को नींद आ जाती है।

बिजली, सड़क, पाठशाला
बैंक के खाते में जमा कर देते हैं मुखिया और सरपंच
सूबे के हाकिम को नींद आ ही जाती है।

मासूमों की चीख
फसादों के शोर से
पूरे इलाके की नींद दहशतज़दा हो जाती है
रखवालों को नींद आ ही जाती है।

हमारी नींद की दुश्मन
क्यों है कमबख्त ख़बर
हमारे हिस्से में ही क्यों है
ख़बर पर नज़र रखने की सज़ा।

30. सिर्फ़ नब्बे (इरोम शर्मिला के लिए)

इक आग थी वहाँ
धुआँ धुआँ-सा पसरा है राख के साथ
अँधेरों ने निवाला बना लिया
लपटों से निकली उम्मीदों की चिनगारियों को
जिन्हें छूना था आसमान
मिलकर सूरज के साथ
उजास की स्याही से लिखना था
विजय के गीत।

हमने आग से प्यार किया
आग की तपिश से तपतपाये ज़ज्बे को सलाम किया
खौफ़ज़दा अँधेरी रात की अन्धी गलियों में
जुगनुओं का इन्तज़ार किया
वक़्त की बेशर्म सितमगरी ने तुम्हें
सचमुच कितना शर्मशार किया।

ऐसे समय में
शहर-शहर, नगर-नगर के गली चौराहे में

राजाओं, महाराजाओं के चेहरे बोलियाँ बोल रहे थे
अन्धों-बहरों की दिशाहीन भीड़ में
तुम्हारे पास न तो हाथियों का झुंड था
और न शाही घोड़ों का हुजूम
ढोल-नगाड़ों और जुलूस के बीच

अकेली थी तुम
कारवाँ बन जाने की बेरहम उम्मीद ने अन्ततः
अकेला ही छोड़ दिया।

सैकड़ों गोलियों की रक्तपिपासु गूँज
लगता है, तन्त्र के उन्मादी उत्सव में गुम हो गयी
दफ़न नहीं हो पायेगी वो बर्बर गूँज
शायद कभी तुम्हारे सीने में।

झकझोरती रहेगी पूरे दम-ख़म के साथ
नब्बे के आँकड़ों की चोट से
स्खलित होता विश्वास
सियासत के शमशान में
धू-धू कर जलती भरोसे की चिता।

31. एक अकेला चाँद-सा

धूप की रूख़सती के बाद
छत पर होता हूँ अक्सर
जहाँ शाम भी उतरती है हवाओं के संग
इसी बीच मन्दिरों, मस्ज़िदों, गुरुद्वारे से
लायी गयी सौगातों की पोटली खोलकर
दिखाती है मुझे शाम।

मुझे पता है
घुमक्कड़ हवा बटोरकर लाती है रोज़-रोज़
हरिओम शरण की स्वर लहरियाँ, '...जय जय महावीर हनुमान गुसाईं'
अज़ान और गुरुवाणी।
रूख़सती के पहले सौंप देना चाहती है पोटली मुझे
लेने और न लेने के मेरे फैसले के पहले
आ धमकता है अँधेरा।

हवा तो नकचढ़ी है, अक्खड़ है, मुँहलगी है
बेपरवाह रहती है अँधेरों से भी
नइकी बहू की तरह

सर पर आँचल डाले
गायब हो जाती है शाम।

बड़े इत्मीनान से सौगातों की पोटली
अपने कब्जे में लेकर
एक कुटिल मुस्कान उछाल देता है अँधेरा
मेरी ओर।

उदासियों की सीढ़ियाँ लाँघकर
आसमान का एक अकेला चाँद-सा
खाली-खाली अपने कमरे में होता हूँ कुछ देर बाद।

32. ट्रेन की खिड़कियाँ उदास रहती हैं

उदास रहती हैं ट्रेन की खिड़कियाँ
अगवा कर लिया गया है शायद उनकी सदाबहार हँसी
नहीं दिखती अब उन्हें उसके क़रीब आने की ज़द्दो-ज़हद
बच्चों की गुत्थम-गुत्थी
नहीं बैठना चाहते उसकी गोद में बच्चे।

दिखाना चाहती हैं बच्चों को आज भी अपनी आँखों से
अज़ीबो-ग़रीब नाम वाले स्टेशनों के चेहरे
दौड़ते, मुस्कराते पहाड़
झूमते, हाथ हिलाते पेड़-पौधे
रफ़्तार से होड़ लेते रंग-बिरंगे परिन्दे
दमकता, चमकता सूरज
लुका-छुपी खेलते बादल
हरियाली की चादर लहराते खेत
कल-कल निनाद करती नदियाँ
अँधेरे में जुगनुओं से चमकते शहर-दर-शहर
दुलारते, पुचकारते हँसी-ठिठोली के साथ दुहराना चाहती है
अशोक कुमार को याद करते हुए, '...रेल गाड़ी छुक-छुक...'
दिखाना चाहती है अपनी आँखों से सजीव संसार
वज़ूद के नकारे जाने से ग़मज़दा खिड़कियों को कौन बताये
बच्चों का बचपन अपनी मुट्ठियों में क़ैद कर लिया है आभासी संसार।

मार्टिन जॉन

33. दर्द

पेड़ जब कटता है
रोता है ज़रूर
दर्द होता है उसे
पर नियति जानता है वह अपनी
बाँहों और सीने में
बस चुकी दुनिया परिन्दों की
उजड़ जाने के दर्द के आगे
भूल जाता है अपना दर्द
सोचो तो ज़रा
हमारा दर्द कितना बौना है
कितना खुदगर्ज़ है।

34. दुःख

उसने मेरी अँगुली पकड़ी
कहा, 'अब तुम्हें मेरे साथ चलना होगा।'
भारी मन लिये अनमने-सा
हो लिया उसके साथ।

कहीं किसी रोज़
उसने अँगुली छोड़ी और
दूसरी की पकड़ ली
साथ छूटते ही यही लगा
उस बेरहम ने मेरा
बहुत कुछ ले भागा।
वापस आया जब
उसका दिया हुआ बहुत कुछ
इन्तज़ार कर रहा था मेरा।

सुख
ख़ूबसूरत ग़ुलाब की ख़ुशबू
बेला और जूही की महक़
हमें नहीं बताती कभी
अपने होने की ज़ंग भरी दास्तां
हमारे हाथ थामे चलती है जब तक
हमें पकने और तपने का मौका ही नहीं देती।

मार्टिन जॉन

35. प्यार, बाज़ार और वेलेंटाइन डे

(1)

रास नहीं आता कुछ चट्टानों को
बलखाना, इठलाना और इतराना नदी की धारा का
रोके से कहाँ रुकती है लेकिन
अठखेलियाँ करती, गुनगुनाती
जा समाती समन्दर में।

(2)

दुनिया को बेहतर बनाने वाले
फ़िक्रमन्द हैं विलुप्त होती प्रजाति को लेकर
जो बड़े प्यार से
प्यार की खेती करते थे
मौसम की छतरी लगाकर।
खेती तो अभी भी होती है
लेकिन
फ़सलों का स्वाद और गन्ध
बाज़ार की पसन्द की गिरफ़्त में है।

(3)

प्यार है तो बाज़ार है
बाज़ार है तो ख़रीदार है
इज़हार है, इकरार है
इस इज़हारे-मुहब्बत में
दिल बेचारा ढूँढ़ता है
एक अदद ग़ालिब की पनाह।

(4)

वह प्यार करती है
बेपनाह करती है
बावज़ूद रंग दिया जाता है स्याह रंग से
प्यार का ग़ुलाबीपन
टकटकी लगाये बाज़ार
भर लेता है अपनी बाँहों में
निखार देता है ग़ुलाबीपन और भी ज़्यादा।

36. हमें मत बेचना कभी मेरे बेटे!

यह घर है
बेज़ुबान, बेजान मकान नहीं
मकान को घर बनाया है हमने एक घर की तरह
जहाँ रिश्ते बोलते आयें हैं अपनेपन की ज़ुबान

मेरे पसीने की बूँदों से भीगी ईंटें
उसी से सने गारे की महक़ को
ख़ुशबू में तब्दील किया है तेरी माँ ने

चारों पहर हमसे बतियाता दीवारों वाला घर
ईंटों की धड़कनों से सुरमयी हुआ घर
मत बेचना मेरे बेटे!
फ़ुर्सत हो तो सुन लेना दीवारों की ज़ुबानी
उसके सीने में पोशीदा है
तेरी ज़िन्दगी के हर लम्हों की कहानी

मत तोड़ना इस घर को मेरे बेटे!

घर जो हमें सुकून की मीठी रोटी देता है
मीठे पानी के साथ

घर जो हमारे साथ रूठता है, हँसता है, पसीजता है, पिघलता है
रिश्तों की ख़ुशगवार
प्रेम की हल्की धीमी मीठी आँच से

मार्टिन जॉन

घर जो हमारे साथ जागता है, सोता है चौकस होकर
अलसुबह रोज़ नहा-धोकर 'फ्रेश' हो जाता है
तेरी माँ के दुलार-प्यार भरे हाथों से
जैसे कभी तू स्कूल जाने के पहले
जूते, मोज़े, क़िताब, कापियाँ, टाई, टिफीन के साथ
हो जाता था तैयार अपने माँ के हाथों।

मत रुलाना इस घर को मेरे बेटे!

जब कभी हम घर पर नहीं होते
हमारे साथ होता वह तब भी
साथ-साथ चलता है
सड़कों पर, चौराहे पर
सब्जी मंडी और किराने की दुकान में भी
साथ निभाने का अलिखित, अदृश्य शपथ-पत्र के हर हर्फ़
पढ़ लेते हैं एक-दूसरे की आँखों में आँखें डालकर।

इन आँखों को महफ़ूज रखना मेरे बेटे!

बिक सकता है मकान, घर नहीं
अगर बिकता है घर बिक जायेंगे हम भी!
हमें मत बेचना कभी मेरे बेटे!

37. तस्वीर बेच रहा है गोलू महतो

सड़क किनारे तस्वीरें बेचता है गोलू महतो
सड़क जो शहर से आयी है चिकनी, सर्पीली
जिसकी छुअन से गाँव की तस्वीर में
अज़ीबो-ग़रीब चिकनाई आ गयी है।

सड़क किनारे उसका बचपन
तस्वीरों के संग बीत रहा है
तस्वीरों की भीड़ में कुछ तस्वीरें बदल ली हैं
अपनी तस्वीर
कुछ बदलने की राह पर हैं
कुछ तस्वीरें ऐसी भी हैं
जिनकी तस्वीर के पीछे की तस्वीर छुपी हुई है।

देख रही हैं सब तस्वीरें उसका मासूम बचपन
नन्हीं अँगुलियों से सिक्कों को गिनता अबोध बचपन
अपनी तस्वीर बदलने की ज़िद में
धूल-धूसरित बचपन।

हँसती तस्वीरें, बोलती तस्वीरें, मुस्कराती तस्वीरें
कौम को बदल देने का वादा करने वालों की तस्वीरें
आत्मा को परमात्मा से जोड़ने वालों की तस्वीरें
ज़न्नत का सफ़र आसान कर देने वालों की तस्वीरें
धूपबत्ती और फूलों की चाह रखने वालों की तस्वीरें
गोलू के अब्बू भी बेचा करते थे ये तस्वीरें

मार्टिन ग्रॉन

बेचकर तस्वीरें बदलना चाहते थे अपनी तस्वीर
घर की तस्वीर।

बावजूद इसके
उस जमाने में सजती थीं तस्वीरें
ड्राइंगरूमों में, ऑफिसों में, पुस्तकालयों में
जलसों में, समारोहों में
मटमैली और धूसर ही रही घर की तस्वीर।

सड़क किनारे बेच रहा बचपन कई-कई तस्वीरें
तस्वीरों के पीछे से झाँक रही है एक और तस्वीर
बदरंग तस्वीर, जानी पहचानी तस्वीर
वह नहीं जानता, इसके रंग चुराने वालों ने बदल ली है अपनी तस्वीर।

38. हम नहीं हैं ड्राइंग रूम में सजे ग़मलों के बोनसाई

एक दिन देखना ऐ दोस्त!
बेनक़ाब हो जायेगी तुम्हारी अघोषित साज़िश
हमारे वर्तमान और भविष्य को
बौना बनाने की तमाम चालाकियाँ।

क़ैद कर रखना चाहते हो
ड्राइंग रूम के सजे ग़मलों में बोनसाई बनाकर
जैसे पीपल, बरगद, अमरूद के दरख़्त

उसकी विराटता की शाखाएँ कतर-ब्यौंत कर
अकूत क्षमता का समन्दर सुखाकर
मुगालते में हो कि प्रकृति तुम्हारी मुट्ठी में है।

सुनो दोस्त!
वक़्त, बेवक़्त फलों की चाहत तो पूरी हो जायेगी
बीजों को बोनसाई बनाओगे कैसे?
बीजों के गर्भ में
छुपी पेड़ों की विराटता
तुम्हें बना देगी बौना एक दिन।

चन्द ग़मलों के बोनसाई से
हौसला पस्त नहीं होता प्रकृति का

मार्टिन

तार-तार कर सकती है तमाम ताक़तें
जो जबरन बोनसाई बनाने की साज़िश में लिप्त हैं।

बाँधो न उसे
कयामत ढा सकती है वह
अपने ही हाथों विनाश का इतिहास
लिखना चाहो तो लिख लो।

39. उदासियों से भरा झोला

जब टपक पड़ी बूँदें
उसके पसीने की कोयले पर
एक बिजली-सी कौंधी
और भर गया उजास
शहर-शहर, नगर-नगर, डगर-डगर
उजास का एक कतरा भी
ला नहीं सका अपने घर।

टपक पड़ी बूँदें
उसके पसीने की मिट्टी और बीजों पर
गर्भस्थ धरती के सिरहाने
हवा, पानी और सूरज ने
गीत गाये गोद भराई के
मौसम ने ओढ़ा दी हरी चादर।

प्रसव की बेला में
मंडी ने जश्न मनाया मंगल गीत गाते हुए
बाज़ार गुलज़ार हुआ
उदासियों से भरा झोला
उसके कन्धे से लटककर घर आया।

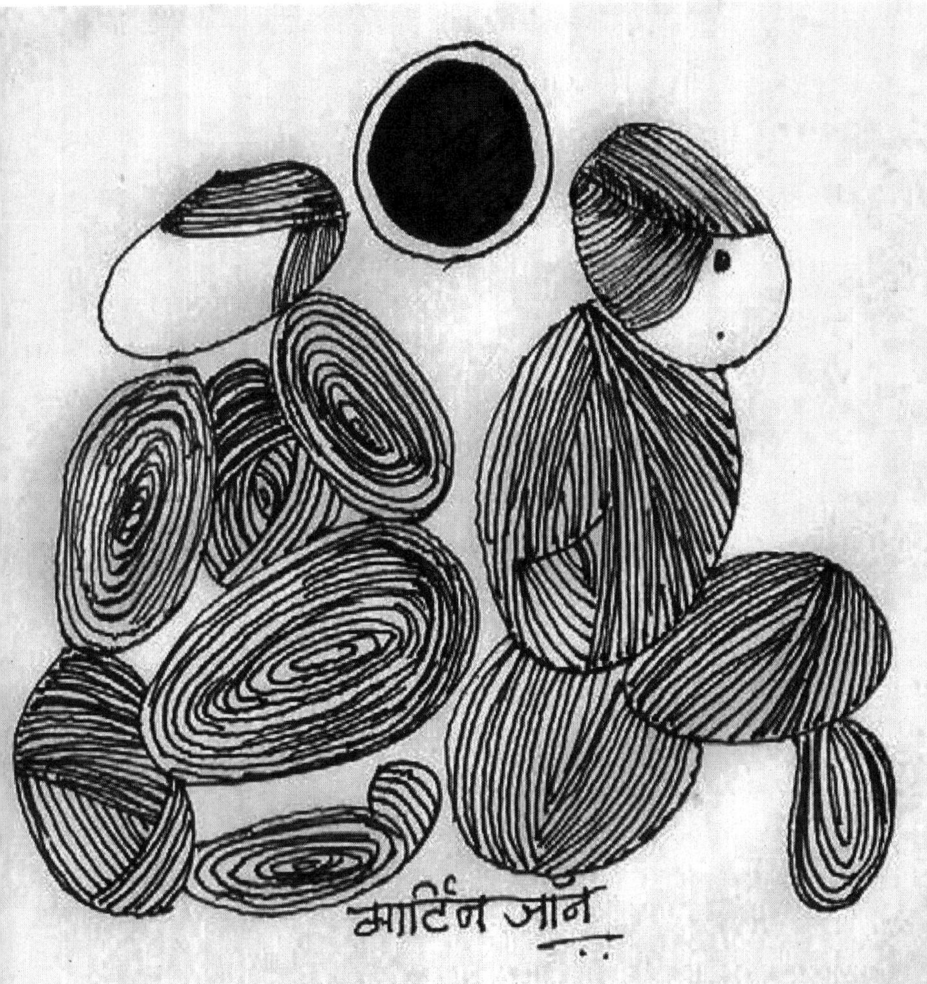
मार्टिन जॉन

40. क्या बचा रहेगा!

हमने ईश्वर बाँटा
खुद को बाँटा
धरती बाँटी और बाँटा राजा-प्रजा
तय है कि आगे भी
मार्ग प्रशस्त करते हुए
चीजों के ख़त्म होने तक
हिरोशिमा, नागासाकी, गाजापट्टी और सीरिया पर
दुःख जताते हुए
टुकड़ों में बाँटते जायेंगे।

बँटते हुए
बाँटने के लिए
क्या कुछ रह जायेगा हमारे पास?

41. हमारे बच्चे अँग्रेज़ी पढ़ते, बोलते हैं

हम ख़ुश हैं कि हमारे बच्चे अँग्रेज़ी पढ़ते, बोलते हैं
ख़ुशख़बरी बाँटना चाहते हैं यह बताते हुए कि
यह जो ख़ुशी है
उन तमाम दुःखों को धो पोंछने की क़ाबिलियत रखती है
जिन्हें हमने
हिन्दी नामक भाषा रस पीकर झेले थे
भाषा रस अपने घर का
यहीं के मिट्टी-पानी और हवा से बना
पीकर हम हृष्ट-पुष्ट हुए
लेकिन 'रेस' के मैदान में फिसड्डी ही रहें
घर का खाया-पीया आदमी
घर के आस-पास ही रह गया।

सुनते हैं एक मुक़ाबले में कछुए की जीत हुई थी
हमें गर्व है हमारे बच्चे कछुए नहीं बने
क्योंकि वे अँग्रेज़ी पढ़ते, बोलते हैं।

वे अँग्रेज़ी में अंकल चिप्स कुतरते हैं
डिज़नी के अंकल क्रूज, मिकी माउस, डोनाल्ड डक से
बतियाते हँसते हैं
फैंटम और डब्ल्यू डब्ल्यू एफ से
पहलवानी सीखते हैं
विस्मिल्लाह खान की शहनाई पर
झुँझलाते हुए ऊँघने लगते हैं

जगाने के लिए रैपर बादशाह को बुलाना पड़ता है।

इस बात के लिए क़तई अफ़सोस नहीं कि
उनके जनरल नॉलेज के दरवाजे पर
प्रेमचन्द, दिनकर अभी भी 'क्यू' में हैं
जबकि सलमान रुश्दी, विक्रम सेठ, चेतन भगत और
झुम्पा लाहिड़ी 'खिड़कियों' से
बहुत पहले अन्दर समा चुके हैं
शकुन्तला पुत्र भरत और भारत को अपनी ज़ुबान से
कोसों दूर रखते हैं
क्योंकि भारत नामक मरियल घोड़े पर इंडिया की सवारी
उनके दिलो-दिमाग को सुकून पहुँचाने लगी है।
म्यूजिक लवर्स की सर्किल में अग्रणी रहने के लिए
ब्रिटनी स्पीयर्स, जेनेट जैक्सन, जस्टिन को
अपने स्पेनिश गिटार में उतार चुके हैं।
चूँकि वे अँग्रेज़ी बोलते हैं,

रोनाल्ड, रोज़र मूर, जेनिफर लापेज, एंजिलीना, निकोल किडमेन की
तस्वीरें उनकी क़िताबों के साथ चलती हैं
हँसती हैं, मुस्कराती हैं।

अँग्रेज़ियत के 'फीलगुड' के लिए
'स्पाइडर मैन', 'आयरन मैन', 'टर्मिनेटर', 'स्पेक्टर' और
'इंटरनल अफेयर्स' को दर्जनों बार
आँखों के रास्ते भीतर उतार चुके हैं।
हमारी भी भरसक यही कोशिश रहती है कि
अँग्रेज़ी पढ़ने, बोलने वाले हमारे बच्चे
मीरा, तुलसी, कबीर के 'वायरस' से दूर ही रहे
ताकि इस हक़ीक़त से रू-ब-रू न होना पड़े कि
हिन्दी पढ़ने, खाने, पहनने, बिछाने वालों को

साल में एक ही बार हिन्दी-पर्व मनाने का अवसर मिलता है।
हम खुश हैं कि हमारे बच्चे अँग्रेज़ी पढ़ते, बोलते हैं
हर रोज़ हम उन्हें ग़ालिब के तर्ज पर समझाते आ रहे हैं –
“...हमें मालूम है हुकूमत की हक़ीकत मगर
दिल बहलाने के लिए हिन्दी का ख्याल अच्छा है।”

42. दिन और रात

दिन का चेहरा
इतना भयानक और बर्बर क्यों है?
ज़रूर किसी ने
रात के गर्भ में
शुक्राणु डालने में
बेईमानी की है।

रात दबे पाँव आयी
दबे पाँव कुछ करके
दबे पाँव निकल गयी
सारा दिन
कर्फ़्यू के गिद्ध मँडराते रहे
शहर के धुँधुआए आकाश में।

मार्टिन जॉन

43. उनकी चिन्ताओं में पृथ्वी

वह एक मुहिम का चेहरा है
मुहिम से जुड़े और भी कई चेहरे हैं
जिनके माथे पर उभरी चिन्ता की लकीरें
आमजन को भी चिन्तित करने की चाहत रखती है।

उनकी चिन्ताओं में पृथ्वी की गिरती सेहत है
पीलिया से पीड़ित हरियाली है
पहाड़ों के सीने में छेद करती
मशीनों की चिग्घाड़ें
उनकी शिराओं में बहते लहू जमा देती है
पर बन रहे मकान की मजबूती के लिए
पत्थरों के किस्म और उसकी गुणवत्ता
जाँचना-परखना नहीं भूलते।

पेड़ जब कटते हैं
उसके दर्द का एहसास छलनी कर देता है
उनके सीने को
अनदिखे आँसुओं और हाहाकार पर
कसीदें गढ़ते हैं
पर दर्द का सैलाब थमने-सा लगता है
इस फ़िक्र में कि
आलीशान मकान के अभिजात्यपन के लिए
लग्ज़री फर्नीचर की भी सख्त ज़रूरत है।
धरती की देह को बेदर्दी से ज़ख़्मी किया जाना

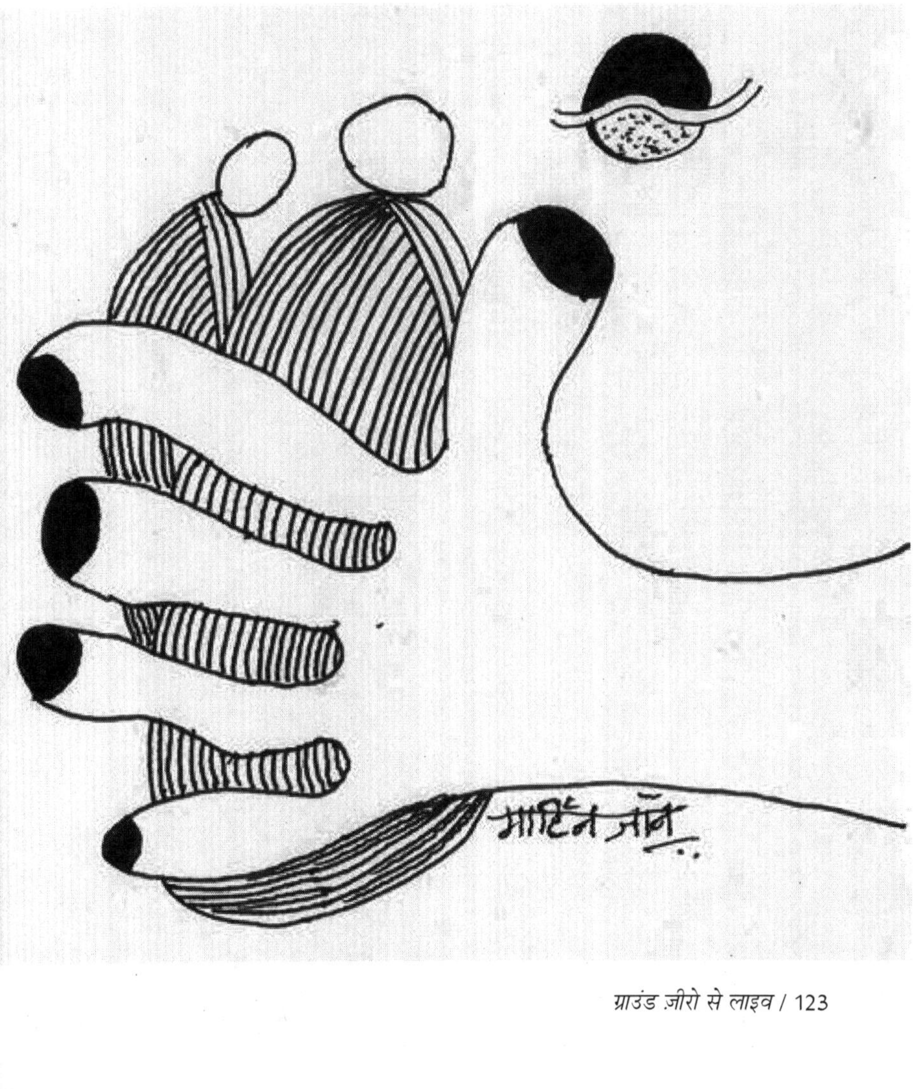
मार्टिन जॉन

नदियों का निचोड़ा जाना
उन्हें तड़पाता है,
बेचैन किये रहता है
बावजूद इसके
इस फ़िक्र से निजात नहीं पाते कि
ईंट, गारे और सीमेंट .....

बेशक उनकी चिंता में रहती है बीमार होती पृथ्वी
लेकिन सब कुछ चाहिए पृथ्वी से।

44. गिरफ़्त

हम जहाँ पहुँच नहीं पाते
या पहुँचने की ज़रूरत नहीं समझते
ऐसा भी होता है कि
न पहुँच पाने का अफ़सोस सालता है
पहुँच जाता है कोई
दबे पाँव नहीं, ताम-झाम के साथ
चिकनी-चुपड़ी बातों का पिटारा लेकर
जैसे पहुँच जाता है शाहरुख खान
हौले से दस्तक देकर हमें थमाता है 'बिग बास्केट'
रिश्ते को चाशनी में डुबोते
जायकेदार रेसिपी की लत लगाते
फूड का मूड बनाने
'जमोटो' का पैकेट लेकर कॉलबेल बजाता है रणधीर कपूर
वाशिंग पॉवडर की खूबियों का बखान करते
सर पे चम्पी करने को तैयार दिखते हैं 'बिग बी'

ख़रीद-फ़रोख्त के चुँधियाते दौर में
भाने लगा है हमें तिज़ारती सुर
जगमगाते सितारों से रिश्ता जोड़कर
क़तई मानने को जी नहीं करता
कि हौले-हौले कोई मजबूत कर रहा है
अपनी गिरफ़्त।

मार्टिन ग्रॉन

45. होने न होने के बीच

अक्सर ऐसा होता है
जो होता है नहीं होना चाहिए
नहीं होना चाहिए जो, हो जाता है
जैसे जतन से रोपे गये पौधों का कुम्लाह जाना
जीवन के नानाविध रंगों से उकेरी गयी तस्वीरों का
धूमिल/धूसर हो जाना
हमारे अन्तस की आवाज़ का
शोर में तब्दील हो जाना
और शोर का रक्तपिपासु हो जाना।

राह चाहे कंकरीली हो,
पथरीली हो, रपटीली हो, पंकीली हो
बढ़ते क़दमों की ख़ातिर ज़गह बनानी पड़ती है।

चलना ही पड़ता है,
चलते ही रहना चाहिए
रुके-रुके से क़दम
कामयाबी की नयी परिभाषा नहीं गढ़ सकते।

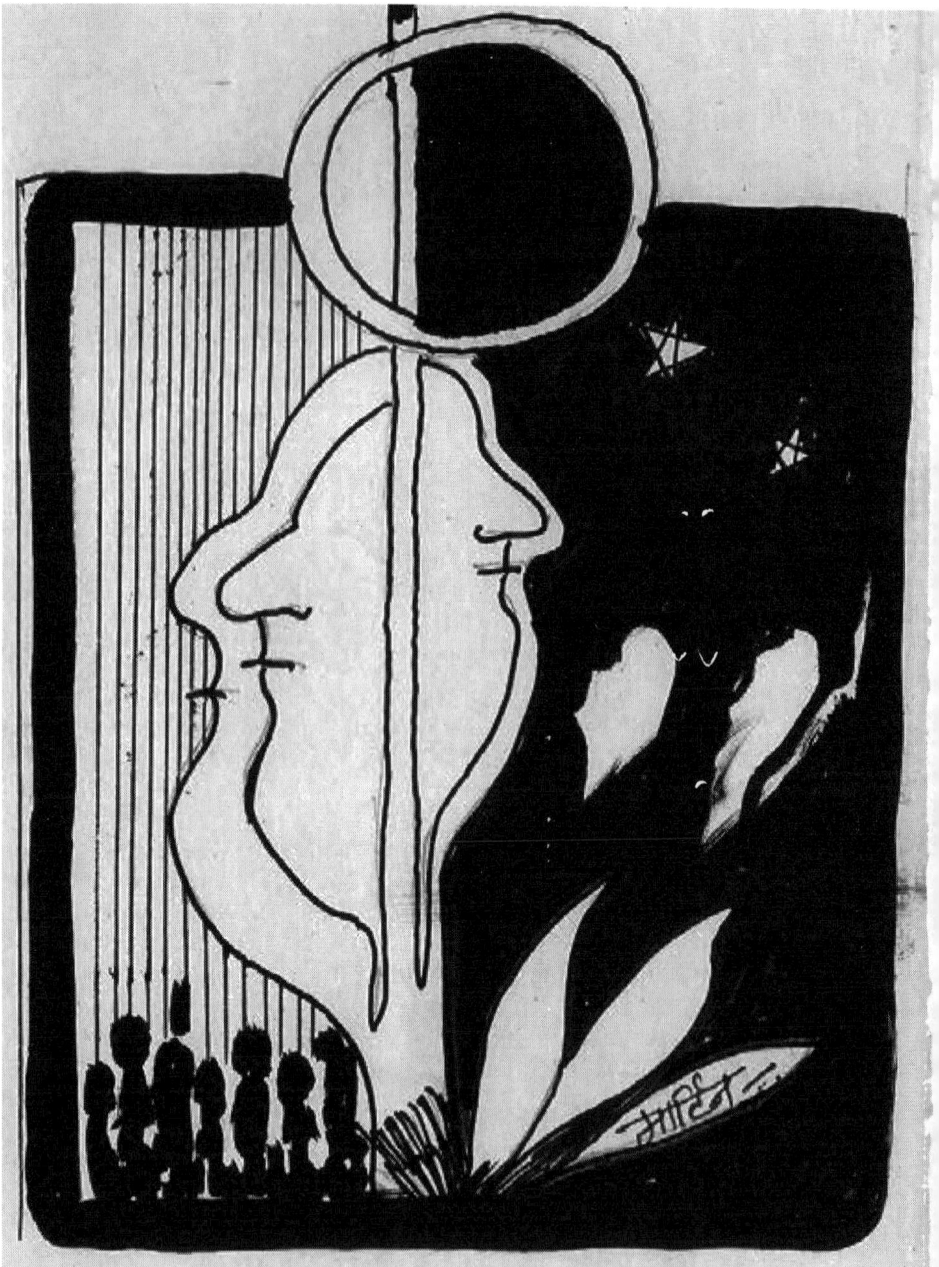